淡海《おうみ》文庫 75

サンライズ出版

大塚 活美 著

石の文化財から探る
滋賀の歴史

はじめに

滋賀県（近江国《おうみ》）には文化財がたくさんある。平城京《へいじょうきょう》や平安京《へいあんきょう》および京都のように政治の中心地であったわけではないが、京都に隣接する地域であったことが文化財の多さに結びついた。滋賀県の文化財の特徴を三つあげるとすると、次のようなことが言えよう。一つ目は県内全域にわたって文化財が点在していることである。琵琶湖の南（湖南）にも、東（湖東）にも、北（湖北）にも、西（湖西）にも、どの地域に行っても指定・登録文化財が数多く見られる。二つ目は文化財を造り出して維持した主体が、郷村に住む小領主や一般の人々であったことである。天皇家、公家、武家などのものもあるが、その数は少ない。三つ目は生活との関わりの見られる文化財が多いことである。ムラ（村）の鎮守の本殿や門などの建造物、村に伝わる共有文書、村のお堂に伝わる仏像などの文化財が各所にある。また、村の祭礼芸能が民俗文化財に指定されていることも珍しくない。

このような文化財を、多くの市町の住民は大切に扱おうとしている。例えば、大津《おおつ》市民憲章では「わたくしたち大津市民は豊かな文化財をまもりましょう」と誓っている。彦根《ひこね》市民憲章でも「先人のたゆまない努力によって築かれた郷土に誇りと責任をもち、風格と魅力のある都市を創造していくために努力します」と謳《うた》う。おおよそどこの市町でも、歴史に学び、文化の薫るまちを作ろうと努めている。そのためには、文化財を知り、多様な角度、視点から見直すことが必要であろう。普段の暮らしでは文化財について意識することはほとんどないが、他県に旅行したり、人から言われて、その価値を見直すことが多いように思われる。

文化財を素材・材質で分けると、木や紙で作られたものが多い。大半の建造物は木造であるし、仏像なども木製のものが多い。経典、古典籍、文書、絵画などは紙を材料にして作られたものが多い。その点から言うならば、日本は木の文化、紙の文化の発達したところと言えよう。しかし、例えば神社を訪ねてみたとしよう。境内の入口には「○○神社」と書いた社号標《しゃごうひょう》（社号石）が建っている。続いて、石の鳥居をくぐることになる。参道には敷石が続いている。手を洗って口を漱《すす》ぐ手水舎《ちょうず》には、石の井戸や石製の手水鉢がある。参道の両側には石灯籠《いしどうろう》が並ぶ。参道途中に石橋の見られることもある。拝殿前、本殿前には、石製の狛犬《こまいぬ》もある。一段高い本殿の敷地には石製の玉垣《たまがき》が巡り、本社前には石の階段を設けるところも多い。このように見ると、石の文化財もかなり発達していたと言えよう。

だがしかし、石でできた寺院や神社の建造物は多くない。石製の美術工芸品（彫刻、工芸、歴史資料など）もそんなにも多くない。民俗文化財や考古資料にも石製のものはあるが、たくさんあるわけではない。また、持ち運びが容易でないことから、美術館や博物館で企画展のテーマになることも少ない。それらのことが石の文化財を見えにくくしている理由かもしれない。それが石の文化財の全体の位置付けである。そのためか、石の文化財の調査・研究は多くない。限られた人が、こつこつと積み重ねてきた感じがする。滋賀県の石の文化財で言えば、川勝政太郎《かわかつまさたろう》氏の古代・中世の「石造美術」全般の研究、田岡香逸《たおかこういつ》氏の中世「石造美術」の研究、池内順一郎《いけうちじゅんいちろう》氏の湖東南部・甲賀郡を中心とする「石造遺品」の研究、瀬川欣一《せがわきんいち》氏の石仏・石塔など石の文化財全般にわたる研究、田井中洋介《たいなかようすけ》氏の近世・近代の石造物・石工の研究などを挙げることができる。この他にも、小寺慶昭《こてらよしあき》氏の狛犬のように一分野に特化した研究もある。

これらの研究も踏まえて石の文化財の特質を三点あげるとすると、第一に石は木と違って朽《く》ちない(不朽《ふきゅう》である)という点が挙げられる。木は地面(土)と接したり、雨水などが懸かり続けると腐食が進行するが、石はそのようなことはない。第二に石は木のものに比べて安価なことである。個別に見ると石は木造より高価であるが、石だけで大きなものを作れないことから、全体として見ると石製品は木製品よりも低価格だと言える。第三に石は産石地に規定されることから、地域色の出やすいことが指摘できる。例えば、近江国の中世石塔を代表する蒲生《がもう》郡蔵王《ざおう》の石工の作品は、同地の細粒黒雲母花崗岩《くろうんもかこうがん》を使用していることから、その分布域と加工方法を調べることにより、おおよその流通圏がわかる如くである。ただし、広域で流通する石材も多々ある。例えば、長崎県西海《さいかい》市の滑石《かっせき》製石鍋は中世に西日本に広く流通し、受用された。また、大阪府南部の和泉《いずみ》砂岩は軟質であるために細工石造物に向いていて、江戸時代後期には大坂西横堀《にしよこぼり》などの石工によって狛犬の材料として利用され、近江国内まで運び込まれている、という具合である。

さて、本書では石の文化財を中心として以下の七章にわたって記述する。読者の皆さんには、それを通して滋賀県の歴史の一端を探訪してほしいと願っている。

第一章の道標は、木村至宏《きむらよしひろ》氏の『近江の道標《どうひょう》』の調査・研究に刺激を受けて筆者が地元の道標調査に取り組んだ成果の発表物をまとめたものである。一基、一基の道標調査の上に、調査から研究へとどのように高めることができるかを考えながら取り組んでみた。

第二章の石灯籠は、神社に数多く見受けられる宮前《みやまえ》型石灯籠（平面が四角形で竿《さお》部が撥《ばち》形をしている灯籠）について、基壇から宝珠に至る各部について形態の時代的な変遷を明らかにするとともに、年代による建造数の推移から社会や信仰の変化を探ろうとしたものである。

第三章の社号標は、神社の入口に建てられている社号標について調べたものである。社号標の建立が近代の社格制度と関係をもつこと、大阪などでは近世の式内社研究に関連して社号標の建てられた事例のあることなどを見た。

第四章の石鳥居は、滋賀県内に所在する近世の石鳥居を中心に取り上げた。鳥居の建設が神社の整備の一環であること、その土地の領主の関与が見られること、地震等による倒壊の記録も多々残ることを探った。

第五章の石碑は、碑文を読むことにより歴史の一端が垣間《かいま》見えることを紹介した。山部赤人《やまべのあかひと》廟碑《びょうひ》からは、一人の国学者の思いが土地の領主を動かして建碑におよぶとともに、それにより社名の変更、歌会の開催に至ったことなどを探った。

第六章の石仏は、高島市の鵜川四十八躰《うかわしじゅうはったい》石仏を取り上げ、地元の伝来資料の記述から室町時代中期以前に存在することを指摘し、さらに室町時代前期の歴史的できごとと関連するのではないかと考えてみた。

第七章の中世石造物は、滋賀県に数多く存在する鎌倉時代後期・南北朝期の石造物は、郷村の住民による仏教信仰を基盤に造られたものであることを、銘文や文献資料などから明らかにしようと試みた。

以上に取り上げた内容は、筆者のこれまでの調査・研究対象である湖東地域の石造物を資料とするものが大半であるが、同様の調査・研究は他地域でもできるものであり、読者の皆様には是非、地元の石造物の調査・研究を期待するものである。近世・近代の石造物についての調査・研究は未発表な地域が多く、資料の探索、情報の共有化が待たれている。なお、筆者の調査・研究には石塔寺《いしどうじ》（東近江市石塔町）の三重石塔を対象にしたものもあるが、それについては別本を準備中である。

目次

第三章　社号標

第四章　石鳥居

凡例

・太陰暦だった明治五年までは和年号を用いて（　）の中に西暦年を併記し、太陽暦が採用された明治六年以降は西暦年を用いて（　）の中に和年号を併記した。
・章によっては、地名に平成の大合併以前の旧町名と大字名を用いた。
・読みやすさを考慮し、引用にも適宜ルビを付した。
・提供・撮影・出典のない写真や図は、筆者の撮影または作成である。

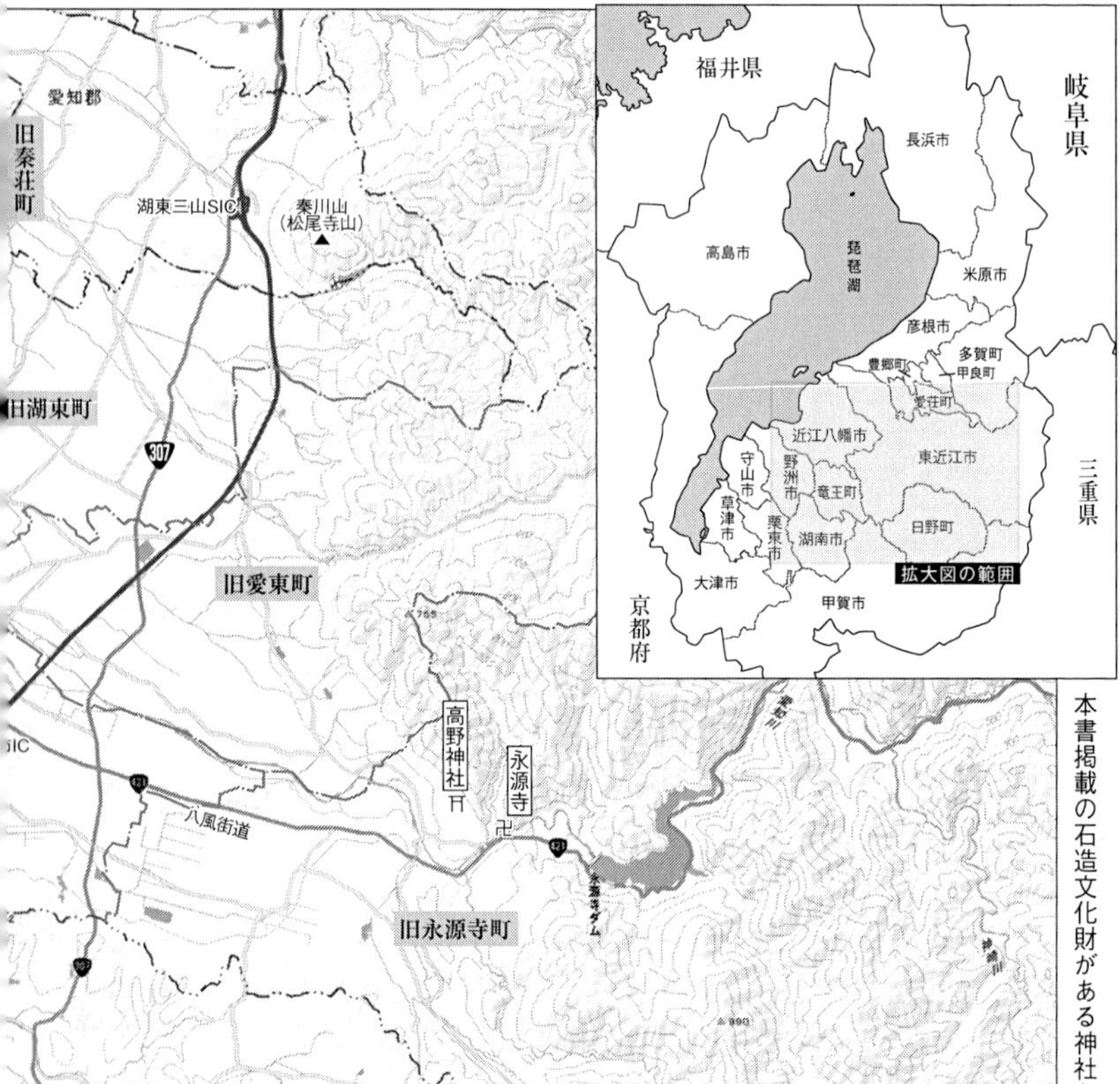

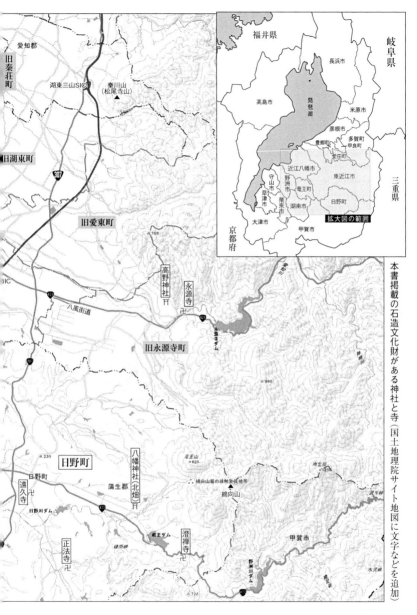

本書掲載の石造文化財がある神社と寺（国土地理院サイト地図に文字などを追加）

琵琶湖
近江八幡市
旧能登川町
旧安土町
旧五個荘町
野洲市
旧八日市市
竜王町
旧蒲生町
湖南市
甲賀市
延光院
願成就寺
鶴翼山（八幡山）
西の湖
安土城跡
繖山（観音寺山）
善勝寺
厳島神社
沙沙貴神社
奥石神社
瓦屋寺
金念寺
春日神社
諏訪神社
日吉神社
菅原神社
八幡神社
羽田神社
柳宮神社
玉緒神社
子守勝手神社
円光寺
生和神社
篠原神社
石部神社
蒲生郡
鏡山
雪野山
櫟神社
蒲生SIC
黒丸PA
極楽寺
三上山（近江富士）
竜王IC
勝手神社
杉之木神社
正養寺
八坂神社
高岸神社
八幡神社
高木神社
梵釈寺
山部神社
菩提寺PA
八王子神社
金剛定寺
八千鉾神社
不動寺
貴船神社
柏木神社
JR琵琶湖線
近江鉄道
名神高速道路
のとがわ
ごかしょう
あづち
おうみはちまん
むさ
ようかいち
いちのべ
しのはら
やす
さくらがわ
いしべ
こうせい
みくも
みなくち

本書掲載の石造文化財がある神社と寺(滋賀県内のみ。前ページ掲載分を除く)

第一章　道標

『近江の道標』

滋賀県内の旧道を歩くと、交差点や分岐点で石の道標を見ることがある。そこには「右○○、左××」などと方向や地名が書かれている。歩いてきた人が道に迷わないように案内をするのがその役割である。この道標を県内全域にわたって四五三本調査した人がいる。成安造形大学元学長（名誉教授）で、滋賀県の地方史研究の泰斗《たいと》でもおられる木村至宏《きむらよしひろ》さんである。一九六五年（昭和四〇）頃から一九七一年頃まで、木村さんの三〇代前半のお仕事である。休日を利用して、公共交通などを利用して県内を回って道標を探し、見つけると銘文を読み、寸法を採り、地図に落とす作業をひたすら続け、『近江の道標』という一冊の本にまとめられた。道標の発生、近江の主要街道、道標はどこに建てられているか、どこを示す道標が多いか、道標の建立者はだれか、どのような形式があるか、という道標の概説を書いた第一章と、資料編の第二章とからなるB5判、二六〇頁の大著である。道標の写真と銘文、解説などが並ぶ資料編は圧巻である。

木村さんの研究に刺激を受けた人が県内にたくさんいる。滋賀県立甲賀《こうか》高校（現水口《みなくち》高校）の社会部の生徒たち（部長辻孝弘《つじたかひろ》さんほか計一一名）は、一九六九年（昭和四四）四月から道標調査を始めたが思わしい成果が出なかったため、顧問の先生を通じて木村さんから郡内の三五本の道標所在地を教えてもらい、翌年一月までに七八本の所在を確認し、それを謄写版刷《とうしゃばんず》りの一冊の本にまとめている。考察では、①山上庚申《やまがみこうしん》（水口町）、櫟野《いちいの》観音（甲賀町）、山村天神《やまむらてんじん》（水口町）、伊勢《いせ》（三重県）への参詣に関係する道標が二二本あること、②草津市立木《たちき》神社境内の延宝《えんぽう》八年（一六八〇）に次いで県内で二番目に古い宝永二年（一七〇五）の道標を水口町和野《わの》で発見したこと、③紀年銘をもつ道標が四割に当たる三一本（うち江戸時代のもの一七本）あること、④主要街道の東海道・御代参《ごだいさん》街道に一七本あること、⑤石標型・板碑《いたび》型が四九本と多いが、地蔵光背《こうはい》型が一一本、自然石型が一二本と多いのも特徴であること、⑥碑文からは「水口」が出てくるものが一三本と多いこと、などが嬉々《きき》として述べられている。

木村至宏著『近江の道標』

旧八日市《ようかいち》市では、中島伸男《なかじまのぶお》氏が八日市郷土文化研究会の会誌『蒲生野《がもうの》』に道標を紹介された。当初は市内に四四本あるとして紹介を始められたが、連載が終わる時には五五本となり、その後の冊子では六〇本となっている。八日市の道標の特徴として、御代参街道の通る中野地区に多いこと、御園《みその》地区には自然石のものが多いこと、それには愛知《えち》川の石が使われていて、地蔵菩薩像を彫ったものがあること、建立年代のわかるものは三分の一で、その半数は江戸時代のものであること、享和《きょうわ》三年（一八〇三）のものが最古で県内の他地域と比べると遅いこと、行先の表示では「日野」が最も多く、次いで「八日市」が多いこと、「京（西京）」を示すものも六本あること、石材を調べてもらったところ方柱型のものは細粒黒雲母花崗岩《くろうんもかこうがん》、自然石型は湖東流紋《りゅうもん》岩《がん》であるとまとめられる。そして最後に、道標は庶民の文化財であると結んでおられる。

旧蒲生町の道標

一般的にはこれらの本を目にすることはあまりないと思う。私の家では、父が一九七六年（昭和五一）に滋賀民俗学会の菅沼晃次郎《すがぬまこうじろう》さんのところから『近江の道標』を買ってきた。そもそもは、父がお寺の臼井誠行《うすいせいぎょう》住職（当時、町役場の公民館勤務）から同じ蒲生町内に住む池内順一郎《いけうちじゅんいちろう》先生（当時、甲賀高校教員。同校社会部道標調査班の顧問。晩年には『湖国と文化』編集長）が県内・町内の文化財のことを調べておられることを聞き、池内先生宅にうかがったことに始まる。そこで池内先生から滋賀民俗学会のことを聞き、大津市石山にあった同会事務局の菅沼さんを訪ねたところ、薦められて本を入手してきた。私の高校二年の時である。その年の夏に町内の道標を調べたところ、御代参街道、八幡《はちまん》街道、石塔寺《いしどうじ》道などで一三本を見つけた。『近江の道標』で蒲生町は七本紹介されていたが、うち一本は行方不明になっていた。この時点では、調査といっても寸法を測り、文字を読み、写真を撮るぐらいである。読めない文字もあり、印刷手段もなかったので、写真をアルバムに貼って文字の記録を残しただけであった。

その後、臼井住職から堀井製謄写版《とうしゃばん》をいただき、三年後の一九七九年（昭和五四）に『蒲生町の道標』をガリ版刷りでまとめて若干部を作り、図書館等に納めた。その翌年には増補版として二本の道標を追加した。さらにその後、蒲生町内では四本の道標が発見され、あわせて一九本になっている。御代参街道に四本、八幡街道に二本、石塔寺道に五本、石塔寺境内に二本、岡本から分かれる日野川沿いの道に二本、川合から分かれる八日市道に二本、山道に二本である。年代のわかるものは五本で、川合本郷《かわいほんごう》の八幡街道沿いのものが嘉永《かえい》元年（一八四八）、川合畑田《はたけだ》の御代参街道沿いのもの（現在は近くの神社に移転）が嘉永二年（一八四九）で、石塔寺道には一九〇五年（明治三八）、一九三三年（昭和八）、一九三六年（昭和一一）に建てられている。石塔寺道のものは宮本治《みやもとじ》郎衛門《ろえもん》、宮本武之助《たけのすけ》など、地元の出身者が造立している。川合本郷の嘉永元年道標は津島社の常夜灯と

川合畑田の道標

して作られたもので、「村中安全」の文字がある。石塔寺道に立つ地蔵光背型の道標は、子どもを抱く地蔵尊の上に南無阿弥陀仏《あむあみだぶつ》の文字を入れ、「右大日永源寺大森／左多賀八日市」と刻んでいる。

御代参街道、八幡街道の道標は、伊勢・日野、多賀《たが》・八日市、武佐《むさ》・八幡、水口・伊賀を示すものが多い。日野川沿いの道の道標には「京道」の文字もある。川合から分かれる八日市道（東西道）のものには水口・下田《しもだ》の文字も見られる。御代参街道と八幡街道の分岐点にある岡本の道標は、四面に「右たがみち」「左八まん道」「右ハ八日市」「左ハ八まん」と彫られている。前二面の文字は太くて立派だが、後二面の文字は細くて見劣りがする。おそらく、前二面が本来の道標で、後に八日市へ行く道を尋ねる人が多くなり、空いていた面に「八日市」の文字を彫り入れて一八〇度向きを変えて立てたものと思われる。最初に道標が建てられたのは、書体からして江戸時代である。『蒲生町の道標』を出した時は集落の作業場に保管されていたが、二〇〇〇年代になってまちづくり事業の一環で、元の位置に江戸時代の向きで再建された。

日野川沿いの道の葛巻《かずらまき》（東近江市）にある自然石型の道標には、「南無阿弥陀仏／右さと／すくひの」と刻まれている。道標の「すく」は、まっすぐ行くとの意味である。

横浜市の三溪園の道標

　横浜市中区本牧《ほんもく》にある三溪園《さんけいえん》は、国の名勝に指定される広大な日本庭園である。もともとは開国後の生糸貿易で財をなした原《はら》三溪（一八六八～一九三九）の邸宅のあったところで、外苑と呼ばれる部分は一九〇五年（明治三八）から一般公開され、内苑は原家の私庭であった部分で一九五八年（昭和三三）から公開されている。この園内に、旧蒲生町から移された道標があるというのを知ったのは、日野の満田《みつだ》良順《りょうじゅん》さんが書かれた「御代参街道」の文章中で、「橋を渡ると、桜川東《さくらがわひがし》の集落を東西に貫く県道桜川中在寺《なかざいじ》線に直交する。この東北角に元は道標があったが、昭和の初期に横浜市の三溪園に移されている」という記述に接した時である。それが長らく気になっていたが、二〇〇七年（平成一九）に街道研究家の門脇正人《かどわきまさと》さんが「横浜の三溪園には「左多賀八日市道　右さくら谷いしわら道」と「右多賀左彦根道」の道標がある」として、知人の紀司《きし》

三溪園の道標

勲《いさお》氏撮影の写真を掲載された。その後、私も三溪園を訪ねた。

道標は、内苑にある聴秋閣《ちょうしゅうかく》と呼ばれる建物の南側に設けられた藤棚の北側の分岐点に建っていた。花崗岩製で、方柱型をしていて、寸法は高さ六二cm、幅一七cmと一八cmである。銘文は隣り合う二面にあり、残り二面には文字がない。幅一七cmの面に「左　多賀／八日市　道」、その右側の幅一八cmの面に「右　さくら谷／いしわら　道」と刻まれている。年代・建立者等の銘はなく、文字のない面は粗叩きのままである。一面目の銘文の文字は、「左」の字は大きく、太く、深く、「多賀／八日市」の文字は小さく、細く、浅く、彫られている。「多賀」「市」の文字は、崩し字で書かれているが、「道」の文字は楷書である。二面目の銘文の文字は、「右」の字は大きく、太く、深く、「さくら谷／いしわら」の文字は小さく、細く、浅く、彫られている。「道」の文字は、崩し字で書かれている。石材の加工の仕方、文字の行き先・書体・彫り方などの全体の特徴から、江戸時代後期ごろに建立されたものと思われる。

滋賀県内から移された経緯について三溪園の方に尋ねても詳細は不明とのことであるが、内苑が完成した一九二三年（大正一二）ごろまでに移されていたものか（内苑は一九〇八年〈明治四一〉に整備着手）、それより後であったとしても原三溪が没した一九三九年（昭和一四）以前であろうということであった。

三溪園の道標は、銘文にある多賀・八日市道の記述より、八日市以南の道路にあったと推測でき、「さくら谷」「いしわら」の地名より、佐久良谷道《さくらだに》が分岐し、石原への道にも通じていた地点にあったものと言え、満田氏が言及する東近江市桜川東町付近が最適だといえる。ただし、県道桜川中在寺線とされる道路は大正年間ごろに新設された道で、道標の建てられた江戸時代後期ごろの佐久良谷道は、もう少し南側を通っていた道になる。なお、この道標について地元にも問い合わせたが、今のところ確認できていない。

日野町の道標

『蒲生町の道標』の次に取り組んだのは、日野町の道標である。『近江の道標』では一三本が記録されていたが、調べてみると三五本が見つかった。その後、追加をして四七本になった。日野町は蒲生町と比べて広域で、地形的にも谷や山が多くあり、道も複雑である。見落としたところもいくつかあると思われる。

日野町内には興味深い道標が多々あるが、その中から数点を紹介する。まず初めに上野田《こうずけだ》のバス停「伊勢道」の道標である。近江鉄道の日野駅から日野の町場へ行く道と御代参街道の分岐点に位置し、高さ三m余の伊勢両宮への常夜灯の基礎石に「右いせみち」と横書きで刻んでいる。この分文化《ぶんか》九年（一八一二）の造立で、願主は当村中、他に役人や世話方の名前も刻まれている。この分

伊勢道の道標

岐点には他に二本の道標（後述）も立っている。

鎌掛《かいがけ》には一九三〇年（昭和五）前後の道標が数本ある。日野の町場から鎌掛に向かうと集落の手前に「右御代参街道」「左石楠木谷」「戊寅同年会」「昭和三年十一月建立」と刻まれている。「御代参街道」の名称を刻むものは珍しい。「戊寅」は「戊《つちのえ》寅《とら》」の誤りで、一八七八年（明治一一）であるから五〇歳の人たちがお金を出し合って建立したものである。「石楠木」はシャクナゲ（石楠花）のことで、シャクナギと呼ばれていたことがわかる。鎌掛集落を過ぎて土山に向かうところにある道標には、「右前野／左土山　道」「昭和三年十一月戊子同年会」とある。戊子《つちのえね》は一八八八年（明治二一）であるから四〇歳の人たちである。戊寅同年会が建てた道標は集落の入口で、大きくて目立つものであるが、戊子同年会のものは集落のはずれで少し小ぶりのもので、集落内で大きさや建てる位置が調整されたように感じられる。一九二八年（昭和三）一一月は昭和御大典《ごたいてん》の行われた年で、それを祝ったものといえよう。鎌掛の集落内には「右土山町ニ至ル」「左　村役場／石楠花谷　道」「昭和十二年一月／丁丑同年会」の道標もある。「丁丑《ひのとうし》」は一八七七年（明治一〇）であるから還暦記念での建立である。鎌掛は天然記念物のホンシャクナゲ群落のある所として知られるが、その指定が一九三一年(昭和六)であり、これらの道標からはその前後の鎌掛村住民たちの盛り上がりが感じられる。

河原の道標は、『近江の道標』に、その他の形式の「六角形」として紹介され、滋賀県で六角形のものはこれだけであると解説されている。その写真を見ると、半分倒れかかっていて、今にも田植えをした直後の水田に落ちそうに写っている。しかし、私が調べに行ったときにはまっすぐ立っていて、六角形ではなく、四角形の一面を削った五角形であった。つまり、木村さんの調査時には田んぼに入るわけにもいかなかったため裏面まで調べ切れなかったということになる。文字は三面しかなく、表記に問題はないが、高さ九〇cm、一面一四・五cmとされている採寸は、高さ七二cm、一面二一cmで、削られている面は各一四cm、削った面の幅は一〇cmであつた。削った面には「(梵字《ぼんじ》キリーク)石橋供養塔」と彫り込まれていて、橋の供養を兼ねるものであった。もとは、少し東の橋のところにあったものである。

近江商人中井氏建立の道標

日野町と甲賀市土山《つちやま》町には、近江商人の中井《なかい》源左衛門《げんざえもん》の建てた道標が三本ある。日野町上野田の伊勢道のところ（24ページ写真）には神宮灯籠（文化九年）の下に、正面に「左　馬見岡神社二十丁／ひの山王宮十丁／いせ道へ通りぬけ」、右側面に「右　いせみち」、左側面に「文化四丁卯歳三月中井氏建之」と刻んだ、高さ一m余の板碑《いたび》型の道標がある。日野山王宮《さんのうぐう》の標示がメインである。この中井氏は大窪岡本《おおくぼおかもと》町に住む中井源左衛門（二代目）（一七五七～一八〇八）と考えられる。初代源左衛門（一七一六～一八〇五）は安永《あんえい》三年（一七七四）から同九年にかけて日野山王宮（南山王）を整備し、天明《てんめい》二年（一七八二）以降は綿向《わたむき》神社の堂宇の改修にも関与していて、それらを示すことが主な目的であったと思われる。

伊勢道の分岐点から御代参街道を土山方面に約二km進むと、日野町寺尻《てらじり》の茶屋町の地蔵堂前に高さ七七cmの方柱型の道標がある。正面に「右　長徳寺百くわん音へ二丁／ひのかち道」、左面に「左たが北国道」、右面に「文化四丁卯歳三月中井氏建之」と刻まれる。寺尻の長徳寺《ちょうとくじ》は黄檗宗《おうばくしゅう》寺院で、二代目源左衛門は文化三年（一八〇六）に同寺へ金五十両の寄進を行っている。

寺尻の道標

甲賀市土山町の北土山には、御代参街道の

入口に二本の道標が建つ(41ページ写真)。右側の道標は、高さ一二〇㎝の板碑型(下部に高さ三〇㎝の台石《だいいし》が付く)で、正面に「右　北国たが街道/ひの八まんみち」、右側面に「文化四丁卯歳三月中井氏建之」と刻む。左隣の道標は高さ一六〇㎝(下部に高さ三〇㎝の台石が付く)で、「たかのよつぎくわんおんみち」「瑞石山永源寺」「高埜世継観音道」「天明八龍集戊辰再建焉」の方柱型道標である。年号の銘文が上野田、寺尻のものと同じで、三本の道標は同じ時に建てられた。立てる場所と文字数とを考慮し、上野田、土山では板碑型が採用されたと考えられる。土山では、隣の道標に台石があったことから、高さも考慮して台石が加えられたと考えられよう。初代中井源左衛門の家訓には、人に知られないように善《よ》いことを施すという「陰徳善事」の精神が説かれているとされるが、これらの道標はそれを体現したものともいえる。

寛政《かんせい》九年(一七九七)の『伊勢参宮名所図会《ずえ》』には、「土山」の図の左下方に台石をともなう方柱型の標石が描かれ、「北国多賀道分」の注記があり、「土山駅」の本文には「西の入口に多賀道の標石あり」と記される。延享《えんきょう》三年(一七四六)の『東海道巡覧記』の「土山」には「西立は入口左石碑に北国海道多賀社へ道十一里有」と記されることから、道標も早くから存在したと考えられるが、文化四年に何らかの理由で中井氏が新しい道標を立てるに至ったといえる。中井氏が同年同月に立てた道標が土山から日野にかけて三本あることからは、中井氏がその間の道をよく使っていたことも類推できよう。

旧水口町今郷の正徳元年の道標

この道標は、水口町（現甲賀市）の東部、土山町（現甲賀市）・日野町との町境近くで、国道一号の水口町今郷《いまごう》より北東へ約一・五㎞の地点にある。そこは間道と間道の三叉路《さんさろ》で、北へ向かえば日野町迫《はさま》、東を取れば土山町末田《すえだ》を経て日野町下駒月《しもこまづき》へ、西へ向かえば水口町今郷《いまごう》へ通じる地点である。

今郷の道標

道標は高さ六六㎝、幅・奥行はともに一五㎝の方柱型で、正面に「南無阿弥陀仏」、右側面に「右はさまみち／左みなくちみち」、左側面に「右こま月みち／左はさまみち」、背面に「正徳元辛卯年七月　日」と陰刻されている。木村氏の『近江の道標』に記載はなく、甲賀高等学校道標調査班の『甲賀の道標』、甲賀市史編纂叢書《へんさんそうしょ》の『甲賀の道標』などにも掲載されていない。

この道標の特徴は、正徳《しょうとく》元年（一七一一）

と古い時期の建立であること、正面に大きな文字で「南無阿弥陀仏」と書かれていることである。甲賀郡では、水口町和野《わの》の宝永《ほうえい》二年（一七〇五）道標に次いで古いものである。後者については、一般に道標には仏像・梵字などを刻むものも多いが、南無阿弥陀仏だけというのは珍しい。しかし、注目できるのは、以下に見るように古い道標の多くに六字名号や梵字が刻まれていることである。

兵庫県伊丹《いたみ》市の寛文《かんぶん》九年（一六六九）道標（伊丹市立博物館蔵）も、正面に六字《ろくじ》名号《みょうごう》と行先を刻んでいる。兵庫県川西《かわにし》市にある寛文一二年道標も、裏面に六字名号と施主の名前が刻まれているという。滋賀県内最古の草津市の立木神社にある延宝《えんぽう》八年（一六八〇）道標も不動尊の梵字が刻まれている。甲賀高等学校道標調査班が見つけた水口町和野の宝永二年（一七〇五）道標にも地蔵尊の梵字を入れている。このように道標に名号や梵字を刻むことは、道標の建立に際して、仏神の加護による道中安全が当時の人々に強く意識されていたことを示すと考えられよう。

県内最古の草津の道標は京の行者《ぎょうじゃ》が建てている。東浅井《ひがしあざい》郡湖北《こほく》町速水《はやみ》（現長浜市）の元禄《げんろく》一二年（一六九九）道標は伊勢の人が竹生島《ちくぶしま》を示すために立てている。大津市御殿浜《ごてんはま》の宝永六年（一七〇九）道標は西国札所《さいごくふだしょ》である石山寺《いしやまでら》・岩間寺《いわまでら》を示すために巡礼者が、山東《さんとう》町柏原《かしわばら》（現米原市）の享保《きょうほう》二年（一七一七）道標は坂本《さかもと》（大津市）の人が泉明院《せんみょういん》を示すために建てている。このように初期の道標は信仰上の理由などから比較的に遠方の人により建てられることが多かった。それに対して、和野の宝永二年道標や今郷の正徳元年道標は、地元の有力者などが近在の道を示すために建てたもので、自ずと性格を異にしていると考えらる。

蒲生・日野の道標から

蒲生町と日野町の道標を調べたことにより、蒲生郡南部地域の道標の特徴が見え始めてきた。そこで『近江の道標』による県内全域の資料と比較しつつ、その特徴を考えてみた。

道標の地域別本数を大津市、湖南、湖東、湖北、湖西（現大津市の旧志賀町域を含む）に分けて数えると、大津市に二四％、湖南に二四％、湖東に三一％、湖北に一三％、湖西に九％で、大津、湖南、湖東地域に本数の多いことがわかる（図1）。

建立年代について、『近江の道標』では「四五三本のうち紀年銘のあるのは一七六本である。そのうち江戸時代のものは一一二本で、全体の約六〇％にあたる。その中で何といっても文化・文政《ぶんせい》・天保《てんぽう》に集中しているようである。この三年代だけで四九本を数えるぐらいだ。無銘のものでもほぼこの年代にかたまっているともいえるだろう」と述べられている。紀年銘をもつ道標を二五年ごとにまとめて表化すると、木村氏が指摘するとおり文化・文政・天保（一八〇八〜一八四四）を含む一九世紀前半の五〇年間に多い（図2）。同時に一八七六年（明治九）から一九二六

図１　滋賀県にある道標の地域別本数
※湖西には現大津市の旧志賀町域を含む

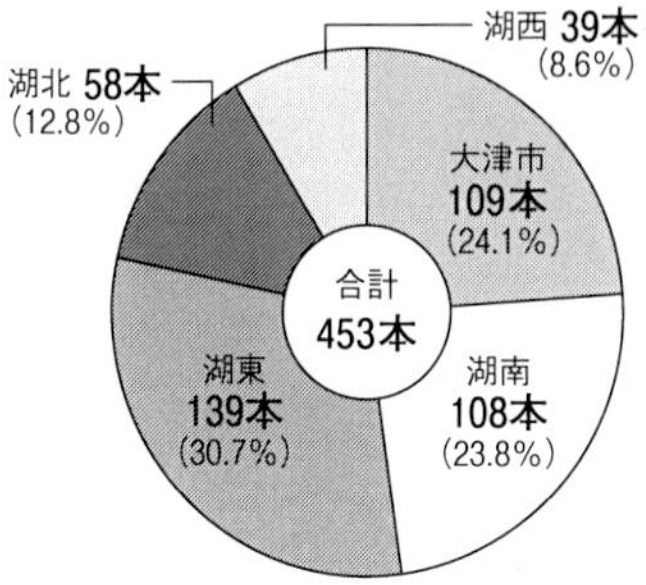

図２　25年ごとの本数

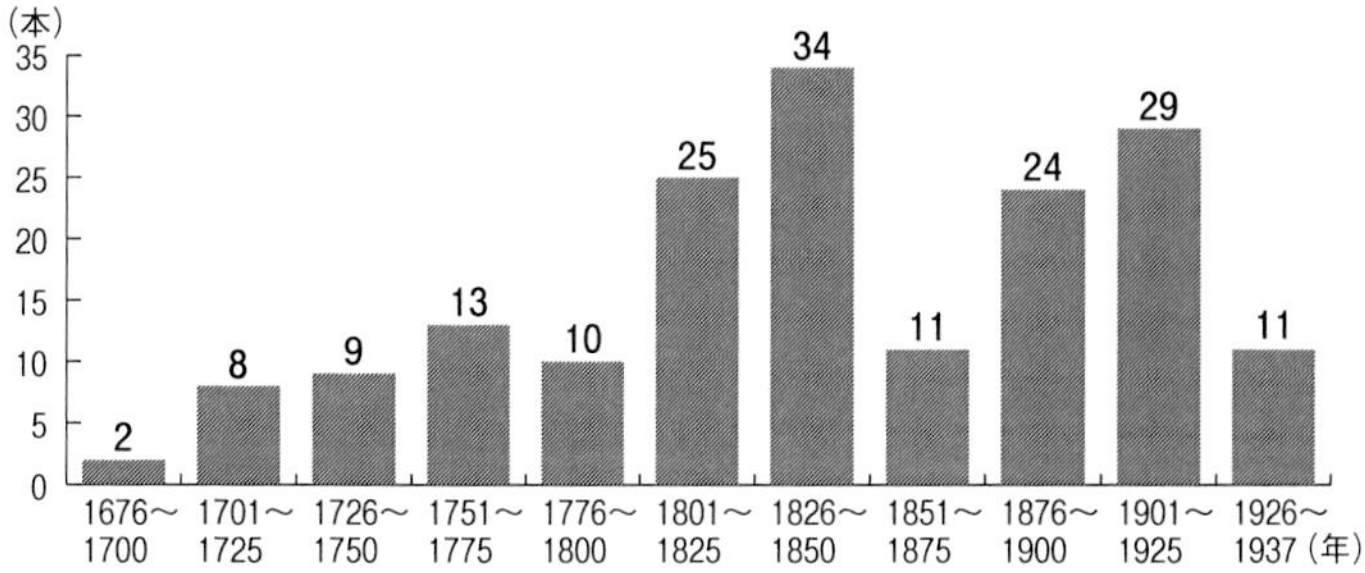

図３　蒲生郡南部の道標の年代別本数

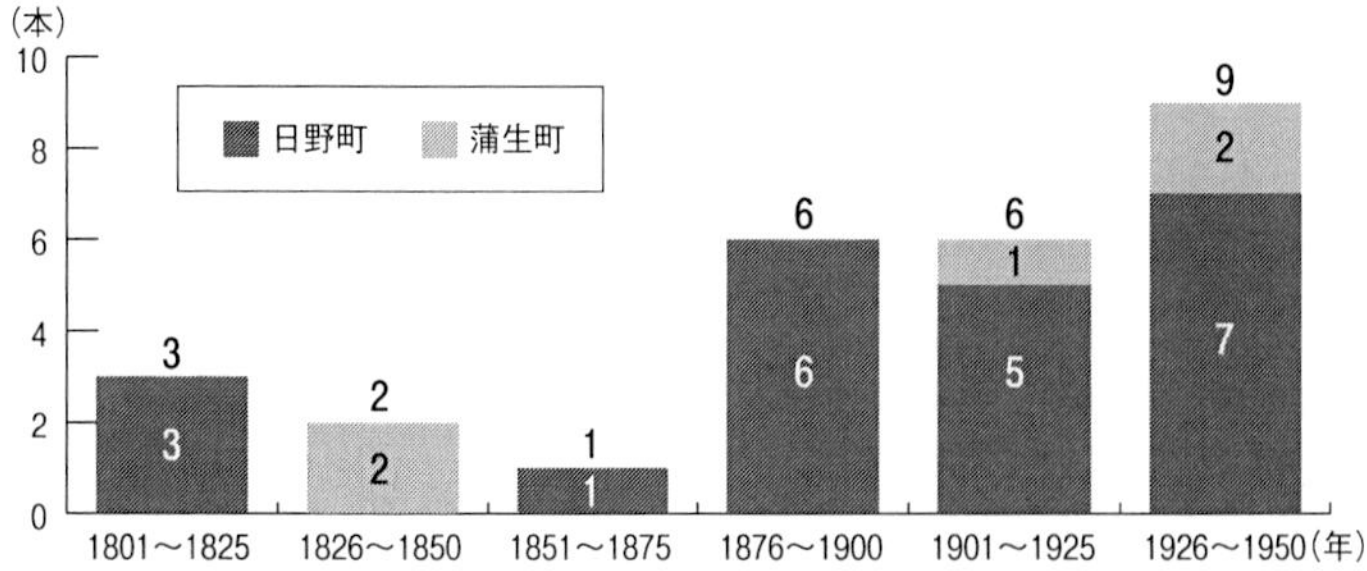

宮本武之助建立の道標

年（昭和元）の五〇年間にも多いことがわかる。蒲生郡南部の場合、一八世紀以前の紀年銘をもつ道標が存在しないこと、蒲生郡南部においても一九世紀前半の五〇年間と一八七六年以降の二回のピークがあること、とりわけ一九二六年以降に数多く建てられていることを指摘できる（図3）。

建立者について、『近江の道標』では名前が刻まれてあるのは全体の三分の一ほどであるとする。それには個人と団体とがあり、個人の中には近江商人によるものも見られるとする。団体には講元《こうもと》、講中《こうじゅう》、有志、青年会、仲間、村中《むらじゅう》などがあるとする。いずれにしても、個人の場合は作善行為の一つであり、団体の場合も社会的な作善であり、無記銘の場合も庶民の奉仕活動の一つと言えようと解説されている。蒲生郡南部の場合も名前が刻まれているのは全体の三分の一ほどで、個人によるものには近江商人の中井源左衛門によるものがある。石塔寺道標を建てた石塔の宮本《みやもと》家、鎌掛の道標を建てた同年会の存在も興味深い。日野町清田《きよた》の三叉路にある地蔵尊を彫り込んだ方柱型の嘉永七年（一八五四）道標には、右、左、北の三方向に各三地点の行先を刻んでいる。建立者は「施主　藤沢文久郎妻志門」とあり、『近江の道標』では夫婦で建立している道標は県内でこれだけだとする。女性名が刻されているのも他にあまり見られず、その点でも注目できる道標である。

位置については、御代参街道沿いに全体の四分の一ほどの一六本あり、そのうち江戸時代のものが七本で、同街道沿いには江戸時代の道標の比率が高いといえる。

行先については、日野を示すのが最も多く、次いで八日市、伊勢、多賀の順に多い。町場としては日野、八日市、八幡、水口、石原、京、武佐、土山などがあり、寺社としては伊勢、多賀、石塔寺、山王宮、馬見岡《うまみおか》神社、永源寺《えいげんじ》、澄禅山《ちょうぜんやま》、太郎坊《たろうぼう》、山村天神、鬼室集斯《きしつしゅうし》祠を示すものがある。地域差としては、山村天神を示すのは旧北比都佐《きたひつさ》村、石楠花渓《しゃくなげだに》は旧鎌掛村、山王宮・馬見岡神社は旧南比都佐村と旧日野町、石塔寺は旧桜川《さくらがわ》村に限られる。また、御代参街道沿いの道標には「伊勢」「多賀」「北国」を示すものが多い。なお、「伊勢」を示す道標は一八九三年（明治二六）以降見られない。これらのことから、遠方を表示する道標は江戸時代に多く、近隣の地域、氏神などを示す道標は近代以降に多いと言える。

道標から探る「御代参街道」名

草津の東海道と中山道の分岐点には、「右東海道いせみち」「左中仙道美のぢ」と刻む文化一三年（一八一六）の道標が建つ。彦根市鳥居本町《とりいもと》には「右彦根道」「左中山道　京／いせ」の文政一〇年（一八二七）道標がある。このように大きな街道沿いの分岐点には、街道名を入れた道標が見られる。このような点に意を払いつつ、「御代参街道」沿いの道標を見てみよう。

御代参街道の南側の入口に当たる甲賀市土山町の北土山には、二本の道標が建つ（41ページ写真）。

内池にある多賀北国道の道標

左側は永源寺への道標であるが、右側の道標には正面に「右　北国たが街道／ひの八まんみち」、右側面に「文化四丁卯歳三月中井氏建之」と刻む。道路の名称として「北国多賀街道」という街道名と「日野八幡道」という通称名とが表示されている。

「北国多賀道」と刻む道標は、御代参街道と八風《はっぷう》街道の分岐点にもあった。現在、東近江市八日市金屋《かなや》の金念寺《こんねんじ》に移されている道標には、「右ごちにようい」「左北国たか道」「右いせみち」とある。年号等の銘はないが、江戸時代のものと推測される。

「多賀北国道」と刻む道標もある。蒲生郡日野町鎌掛の北端にある道標には「たが北国」と刻まれている。日野町寺尻にある文化四年の中井氏建立道標には、左面に「左たが北国道」とある。日野町内池《うちいけ》にある道標は、「左いせみち」「右たか北国道」とある。

このように、「北国多賀街道」「北国多賀道」「多賀北国道」という道標が距離を置いて五本あることから、それが一般的に周知されているこの街道の名称であったと言える。

御代参街道の北側の入口に当たる東近江市五個《ご か》荘《しょう》小幡《おばた》町には、「右　京みち」「左　いせ　ひの／八日市　みち」、「享保三年丁酉」と刻む道標が建つ。この道標は、元は少し北側の分岐点にあったものを、新道ができた時に移してきたという。道路の名称としては「伊勢道」で、通称名の「日野道」「八日市道」の文字も刻まれている。

「伊勢道」と刻むものは他にもある。同市八日市金屋《かなや》の金念寺《こんねんじ》に移されている道標には「右いせみち」の文字があった。日野町内池にある道標にも「左いせみち」とある。八日市清水《しみず》町の御代参街道と八風街道（武佐道）の分岐点には「左いせ　ひの／みな口　道」などと刻む文政九年（一八二六）道標がある。御代参街道と畑街道の分岐点にあたる東近江市中野《なかの》町には「左　いせみち」と刻む享和三年（一八〇三）道標がある（中野神社境内に移転）。東近江市蛇溝《へびみぞ》町には御代参街道と石塔道の分岐点に「右　いせ　ひの／みな口　道」、「左　いしとう／さくら谷　みち」「弘化二年乙巳孟秋吉祥日」の道標がある。日野町増田《ました》には「いせみち」、上野田には「いせみち」、鎌掛の集落の北端に地蔵堂付近に「右いせみ［　］」の小さな道標がある。

北から南に進む人にとっては「伊勢道」の名称が一般的であった。したがって、この街道の呼び名は江戸時代には「北国多賀道」または「伊勢道」ということになる。しかし、新しい時代を迎えて道を管理するために固有の名称が必要になったため、慶応四年（一八六八）頃に「御代参街道」と名付けられたと考えられよう。

草津の立木神社道標

滋賀県内で最も古い道標は草津市立木神社境内にある延宝八年（一六八〇）一一月のもので、京壬生《みぶ》村の行者により建てられている。『近江の道標』によると、兵庫県川西《かわにし》市加茂《かも》にある寛文一二年（一六七二）道標、京都市東山《ひがしやま》区の三条通り白川《しらかわ》橋にある延宝六年（一六七八）道標、長野県北佐久《きたさく》郡軽井沢《かるいざわ》町にある延宝七年道標に次いで国内四番目に古い道標とされていた。そのため一九八二年（昭和五七）には草津市指定文化財となった。

その後、道標についていろいろな文献を調べていくと、各地に古い道標のあることがわかってきた。「歴史の道」事業を含めて古道調査が進展したこと、インターネット社会で情報が発信・共有されやすくなったことで、全国的なデータが得られるようになった。それらを見ると、寛文・延宝年間にはすでに数多くの道標が建てられていて、立木神社道標は古さでは五〇数番目になる。しかし、自分なりの観点でデータを精査しようとするとき、ネット情報だけでは文字の読みを始めとしてさまざまな疑問に突き当たる。そして、最後には道標の定義は何かということにもなってしまい、なかなか難しいことが多いと感じる。

立木神社道標の銘文は「七ヶ年中履行月参詣願成就所」と読まれて「七年間月参詣を成就した」と解されているが、それでは「願」の文字の意味が抜け落ちている。現物をよく見ると「詣」ではなく「諸」と刻まれていて、「七年間月参を履行したので諸願成就した」と解すべきであろう。京壬生村の行者であるから、伊勢大神宮と山城愛宕山《あたごさん》（銘文では愛岩山）との月参りをしたのであろう。延宝元年（一六七三）冬から同八年冬までの七年間実施したのであろうか。道標には「みぎは　たうかいとう　いせみち」「ひだりは　中せんたう　を

立木神社の道標

たかみち」とあることから、多賀大社へお参りすることもあったのではと想像したくなる。

この道標は表示内容から、元は東海道と中山道の分岐点に立っていたと考えられている。その場所には、現在、「右　東海道いせみち」「左　中仙道みのぢ」と刻まれた常夜灯《じょうやとう》型の文化一三年（一八一六）三月の道標がある。寛政九年（一七九七）に編まれた『伊勢参宮名所図会』の草津には、川の手前の分岐点に高札場《こうさつば》に隣接して台石の上に立つ道標が描かれ、「左木曽海道中仙道」の注記が書かれている。これが立木神社道標と同一かどうかは絵だけで判断できないが、現道標も『図会』も多賀道への意識は低いようである。

壬生村の行者が京都と伊勢とを往復していた時、目にした道標は伊勢国の東海道と伊勢街道の分岐点である日《ひ》永追分《ながおいわけ》にあった明暦《めいれき》二年（一六五六）道標と三条通り白川橋にある延宝六年（一六七八）道標であった。前者は現在、近くの日永神社境内に移されている。高さ一二〇cm、各幅二七cmの方柱型である。「京」「大神宮　いせおいわけ」「山田」「南無阿弥陀仏　専心　明暦二丙申　三月吉日」とある。後者は高さ一五七cm、幅二七cm、奥行二四cmの方柱型である。「三条通白川橋」「是よりひだり　ちおんゐん　ぎおん　きよ水みち」「京都為無案内旅人立之　延宝六戊午三月吉日　施主　為二世安楽」とある。これらと立木神社道標を比べると、背の高い方柱型であること、建立年月日が吉日であること、使用文字に平仮名が多いこと、信仰との関連が見られることなどの共通点が見出され、先行する道標の影響を受けて行者が街道の分岐点である草津に建てたと推測できる。

道標に見る近江の寺社参詣

近江における寺社参詣を、県内一円に存在する道標を資料として考察してみよう。道標が指示する行先の中から頻度《ひんど》の高い寺社をあげると、滋賀・栗太《くりた》郡では比叡山《ひえいざん》の堂塔、三井寺《みいでら》、石山寺《いしやまでら》、岩間寺《いわまでら》、立木観音、田上不動《たなかみ》、甲賀郡では櫟野寺《らくやじ》、蒲生・神崎《かんざき》郡では長命寺《ちょうめいじ》、観音正寺《かんのんしょうじ》、永源寺、犬上《いぬかみ》郡では多賀大社、湖北では竹生島、湖西では白鬚《しらひげ》神社、県外では伊勢神宮（三重県伊勢市）、谷汲山《たにぐみさん》（華厳寺《けごんじ》、岐阜県揖斐川《いびがわ》町）がある（表1）。県内外の主たる寺社が含まれるが、真宗寺院や永源寺以外の禅宗寺院などは少ない。このことは、信仰・参詣と道標の関係、言い換えれば巡礼・代参の寺社と旦那の寺社との違いが、道標の多寡《たか》に現れていると考えられる。

これらの寺社を道標の所在、年代・建立者などから区分すると、次の四種に分けられる。第一は、広い範囲にわたって建てられているもので、多賀・伊勢がそれである。多賀の道標は栗太・甲賀・野洲・蒲生・神崎・愛知《えち》・犬上郡でみられ、伊勢の道標は栗太・甲賀・野洲・蒲生・神崎・愛知・坂田《さかた》・伊香《いか》郡でみられる。数の上では湖東に多く、年代は近世に建てられたものが多い。また行先には近くの町や寺社を併記しているものが多い。

表1　道標の行先にみる参詣寺社

行先	所在地	建立者	本数
比叡山	滋賀	滋賀、京都、大阪	22
三井寺	滋賀		9
石山寺	滋賀	滋賀、京都	13
岩間寺	滋賀	滋賀、京都	7
立木観音	滋賀、栗太	京都	9
田上不動	滋賀、栗太	大阪、京都、神戸	12
櫟野寺	甲賀		10
長命寺	蒲生	蒲生、大阪	23
観音正寺	蒲生、神崎	蒲生、大阪	19
永源寺	甲賀、蒲生、神崎、愛知、犬上	蒲生、神崎	18
多賀大社	栗太、甲賀、野洲、蒲生、神崎、愛知、犬上	蒲生、愛知、京都	41
竹生島	東浅井	東浅井、伊勢、江戸	8
白鬚神社	滋賀	京都	9
伊勢神宮	栗太、甲賀、野洲、蒲生、神崎、愛知、坂田、伊香	蒲生、神崎、京都	57
谷汲山	蒲生、神崎、坂田、東浅井、伊香	大阪	12

※資料には、寺社名と同じ地名を行先とするものも含まれる
所在地、建立者は、県内においては旧郡名で示した
建立者は銘文に表示されているもののみを挙げた

第二は、狭い範囲に見られるが遠近の人により建てられているもので、岩間寺、石山寺、三井寺、竹生嶋、長命寺、観音正寺、谷汲山の西国三十三所巡礼札所のほか、比叡山の堂塔、立木観音、田上不動などを示す道標である。例えば、三井寺の道標は滋賀郡の滋賀里《しがさと》、中央、藤尾の範囲内に建ち、観音正寺の道標は繖《きぬがさ》山麓のみに建っている。建立者は表記のないものも多いが、滋賀・栗太郡の寺社には京都・大阪の人によるものが

多く、特に近代の道標にその割合が高い。逆に、竹生嶋の道標には江戸・勢州《せいしゅう》（伊勢国）など東国の人がみられる。行先には札所寺院二ヶ所を連記するものも多い。

第三は、地元の建立者により建てられているもので、櫟野寺、永源寺、その他に新善光寺《しんぜんこうじ》、西《にし》寺《でら》（常楽寺）、油日《あぶらひ》神社、太郎坊を示す道標である。頻度の少ない寺社の大半はこの種に属する。このうち永源寺を示すものは甲賀・蒲生・神崎・愛知にわたっているが、その他はその郡内というよりも郷内に限られている。建立者は不明なことも多いが、わかってもその郷内に限られる。

第四は、特定の建立者によるもので、白鬚神社、他に山上庚申、蓮如上人《れんにょしょうにん》旧蹟を示すものである。白鬚の道標は京都の寿永講、山上庚申は江戸・大坂・京都の三都金物屋中が建てたものである。また、蓮如上人旧蹟は、行き先は錦織寺《きんしょくじ》、近松《ちかまつ》別院、金森《かねがもり》とそれぞれ異なるが、いずれも大津西《さい》念寺《ねんじ》講中の建立である。

永源寺を示す道標（左側）

右に見た四種の区分の背景には、それぞれの寺社への信仰・参詣の在り方の相違が認められる。またその背後には湖東・湖南などという地域の違いもみられる。第二の種類のうち、滋賀・栗太の寺社を示すものには京都・大阪の人の建立が多いことは、地理的な近さ、中世からの歴史的な結びつき、近世の名所案内の出版物の影響、近代には京阪地域の行楽地になったこととも関係している。また、県外の寺社として京都の寺社を示す道標が少なく、伊勢・谷汲という東側の県の寺社が多いことも、右のことと関係している。

京都市内にある「大津」を表示する道標

京都市内には、「大津」を示す道標が二九本ある。大津市に隣接する山科《やましな》区に六本、伏見《ふしみ》区に一〇本、東山区に一〇本、左京《さきょう》区に三本である。

山科区に所在する六本のうちの三本は、大津市追分《おいわけ》から六地蔵《ろくじぞう》に抜ける奈良街道沿いに一本、小野《おの》から深草に抜ける街道沿いの勧修寺《かんしゅうじ》地区に二本ある。伏見区に所在する一〇本は、現在は小学校や中学校に移動していて元の位置の不明なものもあるが、いずれも伏見の町場にあったものである。大津市追分から小野、そこから勧修寺を経て大岩山の北麓を越えて深草に抜けて伏見に至る道は、江戸時代の東海道の一部で、大津から伏見、淀《よど》、枚方《ひらかた》、守口《もりぐち》を経て大坂に至る東海道大坂道であった。それゆえに沿道に大津を示す道標が多数所在するのも当然だと言える。道標の行き先表示に注目すると、山科区にある三本は大津を単独で示すか、「醍醐《だいご》　大津」とするが、伏見区にあるものは「京都大津道」「京大津道」など京都道と大津道を同じ方向で取り上げるものが七本見られる。これは伏見の京橋付近から京都へ行く道と大津へ行く道とが途中の深草まで同じであったことによる。深草直違《すじかい》橋の道標に至って京都道と大津道が別の面に刻まれ、道の分岐点を表している。「京都大津道」「京大津道」の表示は、京都が前で大津が後であり、東海道の大津より三都の一つである京都が先に書かれていた。伏見区の道標の行き先には「京大津道」の反対側に「ふねのり場」を表示するものが多く、街道として大坂へ導くよりも、伏見京橋の舟乗り場を示し、淀川水運により大坂へ導くものが多かったと言える。銘文の特徴として、方柱型道標の四面に東西南北の方位を刻むことも指摘できる。伏見地域は道が縦横にあり、右左よりも東西南北の方がわかりやすかったことによると思われる。建立年については、伏見区のものは江戸時代後期の年号が多く、天保、弘化、安政の十数年間に七本の造立が見られるのが特徴である。建立者については、笹屋伊助《ささやいすけ》、山城屋弥兵衛《やましろややへえ》、俵屋仁兵衛《たわらやにへえ》のように「屋号＋人名」表記であることから地元の伏見在住の商人が多かったようである。銘文の字体、建立年表記の入れ方から、伏見区下板橋にあ

「大津行電車近道」を示す道標

る二本の道標は、同一人の建立になると思われる。

大津市追分から竹鼻《たけはな》、御陵《みささぎ》、日ノ岡《ひのおか》峠を越えて蹴上《けあげ》を経て三条大橋に至る道は江戸時代の東海道の一部で、大坂に往く東海道大坂道に対して東海道京道と呼べる道である。この沿道にも山科区に一本、東山区に二本の道標がある。山科区のものは一九四八年（昭和二三）の建立で、比較的に新しい。東山区のものは年代等不明であるが、一本には「動物園」の表示があり、一九〇三年（明治三六）の開園以降のものといえる。東海道京道沿いには、一九一〇年（明治四三）に京津《けいしん》電気軌道が開通した。その電車乗り場への道を表示する道標が、左京区南禅寺《なんぜんじ》にある。「けあげ（蹴上）大津行電車近道」と、わざわざ大津行電車を取り上げるものは珍しいと言える。

東山区にある残り八本の道標は、渋谷《しぶたに》越え、滑石《すべりいし》越えなどにより東山を越えて山科に至り、東海道を通って大津へと歩む道の表示である。「山科　大津」などと表示するものが多い。江戸時代中期の延享《えんきょう》三年（一七四六）から一九一三年（大正二）のものまで、幅広い年代におよぶ。行き先表示も一ヶ所のものは少なく、複数の地名を刻み込む。

京都市内にある大津行表示のある道標の概要は以上のようであるが、宇治市内の旧奈良街道にも「京大津」を示す道標が何本か残る。旧奈良街道は六地蔵地先で分岐し、大津へ向かう道と京都へ向かう道とになる。

木から石へ――道標の成立

歌川広重《うたがわひろしげ》の「木曽海道《きそかいどう》六十九次」のうちの恵智川《えちがわ》（愛知川）の絵を見ると、橋のたもとに「むちんはし」「はし銭いらす」と書いた背の高い木杭が建っていて、旅人がその標柱の横を通り過ぎようとしている。「東海道五十三次」の草津宿の絵では、姥《うば》が餅《もち》屋の交差点に石の道標が描かれる。このように道路には木や石の標柱が建ち、道行く人にいろいろな情報を伝えた。

京都の事例ではあるが、道標を木杭から石杭に作り替えたという古文書がある。文政八年（一八二五）八月六日付けで、葛野《かどの》郡三条台村《さんじょうだいむら》（現、京都市中京区）の庄屋百姓が北野《きたの》道と嵯峨《さが》道の分岐にあたる千本三条に、幅一尺、高五尺の石製道標を建てることを奉行へ願い出ている。それによると、庄屋利兵衛《りへえ》の畑地に北野と嵯峨への道分けを記して建て置いた木杭が朽損《きゅうそん》したので片付けたところ、遠国より神社仏詣に来た人が難渋しているので、諸人助けのために石杭にて道分記を建て置きたく、この願いを聞き届けてほしいと口上書を提出している。ここからは石の道標がどのような経過で立てられたかが垣間見られる。おそらく江戸時代にはその他の道標も類似の経過を経て建てられてきたのではなかろうか。

一八七三年（明治六）、政府は道路の距離の測り方を定め、各府県で起点を定めて木標を建てることを通達している。その後、木標を石標に作り替えたところもある。甲賀市甲南《こうなん》町野田《のだ》の公民館前に立つ里程標はその事例である。三面にわたって里程が刻まれていて、正面には大津元標《げんぴょう》、甲賀郡役所、水口警察署までの距離が「里町尺」の単位で記されている。右の面には第十六師団司令部、工兵第十六大隊、歩兵第九聯隊《れんたい》までの最近の距離が、左の面には近隣の東西南北の村までの距離が記される。第十六師団司令部、工兵第十六大隊は一九〇八年（明治四一）に京都府の伏見に設置された軍隊であることから、石標の設置はそれ以降だと言え、地元の伝承では一九一五年（大正四）ごろに作り替えられたとされる。ちなみに一八八〇年（明治一三）の『滋賀県物産誌』では、野田村は「距県庁一〇里二六町」とされていて、石標の「大津元標拾里拾七町五尺」と近似する。同様の石造里程標は、栗太郡大《たい》宝《ほう》村綣《へそ》でも一九一八年（大正七）に地元の西田哲太郎《にしだてつたろう》により寄附されていて、野田と同様に大津、栗太郡役所、草津警察署、第十六師団司令部、大津第九聯隊、近隣の東西南北の村までの距離が記されていた。

野田の里程標

旧蒲生町市子《いちこ》松井《まつい》で一九八四年（昭和

五九）六月に一九一〇年（明治四三）生まれの方から昔の様子を聞いた時、集落の公民館の前に高さ三m、幅八寸〜一尺の木製の道標があり、「大津まで〇〇」「八幡まで××」と書いてあったと話されていたのが、この里程標にあたる。野田の事例から考えると、大津元標、八幡警察署までの距離が書いてあったのではと推測される。

木製のものは土と接する部分から朽損したり、文字が見えにくくなったりするなどの障害が発生しやすく、一定の年月の経過により造り替える必要が出る。それに対して石造は高価であるものの不朽で長持ちすることを多くの人が知っていて、できればそのように改めたいと思っていたのであろう。

近代の里程標に関連するものに道路元標がある。一九一九年（大正八）の道路法に基づき、市町村ごとに設置された。これは最初から石で作られている。現存しているものは多くないが、東近江市では八日市町、朝日野村（鈴町に現存）のもの、蒲生郡では日野町のもの、甲賀市では水口町、石部町のものが現存するという。

第二章　石灯籠

旧蒲生町の神社巡り

道標に次いで取り組んだのは、旧蒲生町《がもう》（現在、東近江市の一部）の神社巡りである。蒲生町は中世石造美術の宝庫であるので、まだ未紹介のものがあるのではという淡い期待からであった。手始めに住んでいるところの神社から廻り始めた。中世のものはなかったが、鳥居、灯籠、手水鉢《ちょうずばち》、石階《いしばし》などに近世の年号が、社号標、灯籠、狛犬、石垣などに近代の年号が刻まれていた。集落内には氏神社以外にも、垣内で祀る小社もあり、それらの石造物の銘文も手帳に書き留めた。次には隣の集落の神社、それが終わるとその隣という具合に、一社ずつ見て回った。最初のねらいであった中世石造美術を見つけることはほとんどなかったが、近世・近代のものがたくさんあることがわかってきた。

そもそもは第一章で触れた滋賀民俗学会の『民俗文化』との出会いである。滋賀民俗学会は、一九六三年（昭和三八）に設立された民俗学に関する民間団体で、事務局の菅沼晃次郎《すがぬまこうじろう》さんが中心になって、『民俗文化』という数頁の冊子を毎月発行されていた。最初の頃は一般的な民俗調査に関する記録が見られるが、一九七〇年代になると田岡香逸《たおかこういつ》さんの石造美術に関する調査記録が毎号掲載され、それが『民俗文化』の一つの特徴になっていた。田岡氏は兵庫県西宮《にしのみや》市在住の石造美術研究家で、その方面では著名な方であった。『民俗文化』に触れ始めた時には、あまりに細かい記述のために読み流していたが、徐々にその面白さが伝わってきた。

蒲生町には、石塔寺宝塔《いしどうじ》、石塔寺五輪塔《ごりんとう》、涌泉寺《ゆうせんじ》九重塔《きゅうじゅうのとう》、山部《やまべ》神社七重塔《しちじゅうのとう》、梵釈寺《ぼんしゃくじ》宝篋印塔《ほうきょういんとう》など、文化財指定されている石造美術がたくさんあった。それらは川勝政太郎《かわかつまさたろう》氏などの先学が調査してきたものであるが、それをさらに細かく調査したのが田岡氏であった。一具として揃っているものだけでなく、残欠品に至るまで徹底的に調べ上げられていた。そして、石造美術を通してその地域性や文化特性なども明らかにしようと取り組まれていた。その成果は、田岡氏により『近江の石造美術』などとして刊行されている。

また第一章で触れた地元の池内先生も、専門とされていたのは石造美術（石造遺品）であった。池内先生が最初に取り組まれたのは、蒲生町の石造美術調査で、次いで周辺の市町へと調査を広げていかれた。先生が編集された『甲賀の文化財』という冊子でも、石塔や石仏が数多く取り上げられていた。

宮前型石灯籠

神社巡りを続ける中で、私が注目したのは大型の四角形石灯籠である。どこの神社にもあること、大きくて目立つ存在であること、江戸時代から昭和の年号まで幅広くあることから、神社の奉納物の代表として取り上げ得るとともに、年代による変化を追いやすいと考えたからである。

最初に名称をどのようにするのか検討した。一般的には、灯籠、御神灯などと呼ばれる灯籠である。形態上から区分すると、火袋の平面が四角形であることから四角形灯籠であるが、竿部が直線状の四角形灯籠と区別する必要がある。そこで、県の建築関係の文化財技師である村田信一《むらたしんいち》さんから福地謙四郎《ふくちけんしろう》著『日本の石燈籠』を教えていただいた。当時、滋賀県立図書館は県庁前の滋賀会館にあった。そこでその本を見たが、該当する石灯籠の写真には「道標型宮前燈籠」と名付けてあった。神社の参道に建てられていて、灯籠に沿って進めば神社に達するという意味からである。この本には、類似する灯籠として「宮前型燈籠」が載っているが、竿《さお》部の形状に違いがある。具体的には、竿の上下ともに撥《ばち》型になるのが「道標型宮前燈籠」、竿の下部のみ撥型になるのが「宮前型燈籠」である。しかし、蒲生地区には前者は多数あるが、後者は一基も見られないことから、前者の灯籠を「宮前型燈籠」、後者を「特殊宮前型燈籠」と

宮前型石灯籠

して考察することにした。

その後、この灯籠の名称については、神社や神社の参道（番場《ばんば》とも呼ぶ）などに多く見られることから神前型灯籠、番場灯籠などと呼ばれていることを知った。また、竿の平面が四角形で、竿を側面から見た形状が撥形であることから四角竿撥型として考察する調査報告書も見かけた。このように、現在においても、名称は統一されていない。

また、神社に多いのは確かだが、寺院でも見かけることがある。蒲生地区の場合も、大塚の妙厳寺《みょうごんじ》、石塔の石塔寺、川合《かわい》の願成寺《がんじょうじ》などで見られる。調査の結果、一九七九年（昭和五四）三月当時、蒲生地区では一〇六基の宮前型灯籠が確認できた。それを一つずつ（一対のものは一基のみ）採寸して図にし、別に銘文を記録し、それを謄写版刷りしてまとめたのが私家版『宮前型石燈籠』である。以下、その本の解説部分を抜き出して記述する。

なお、当時において近世の石造品の調査は関東で始まっていたが、関西においてはほとんど見られなかった。その後、市町村史の編纂過程等において地域に所在する石造文化財が悉皆《しっかい》的に調査される事例も見られるようになってきた。近年では、大学の文化財学科において計画的に調査される事例も増えてきている。調査事例の増加とともに、近世石工の研究も進められてきている。

構造　基壇

宮前型石灯籠は、一般的な灯籠と同じく基礎・竿・中台《ちゅうだい》・火袋《ひぶくろ》・笠・宝珠《ほうじゅ》の六部よりなる。基礎の下部には基壇がある（図4）。基壇を含めた各部ごとの年代における形や装飾の変化を明らかにした上で、それを関連づけて全体としての釣り合いや規模から構造を探る。

一〇六基の宮前型石灯籠全部に基壇があることから、この灯籠の特徴の一つは基壇を持つことだと言える。基壇の役割は灯籠を立派に見せる働きにある。基壇には切り石や延べ石（細長い切り石）を段状に積んだ段形基壇と、割り石や切り石を積み上げた壇形基壇を組み合わせたものとがある。段形基壇だけの場合でも、その大多数は切り石基壇と延べ石基壇とを組み合わせている。

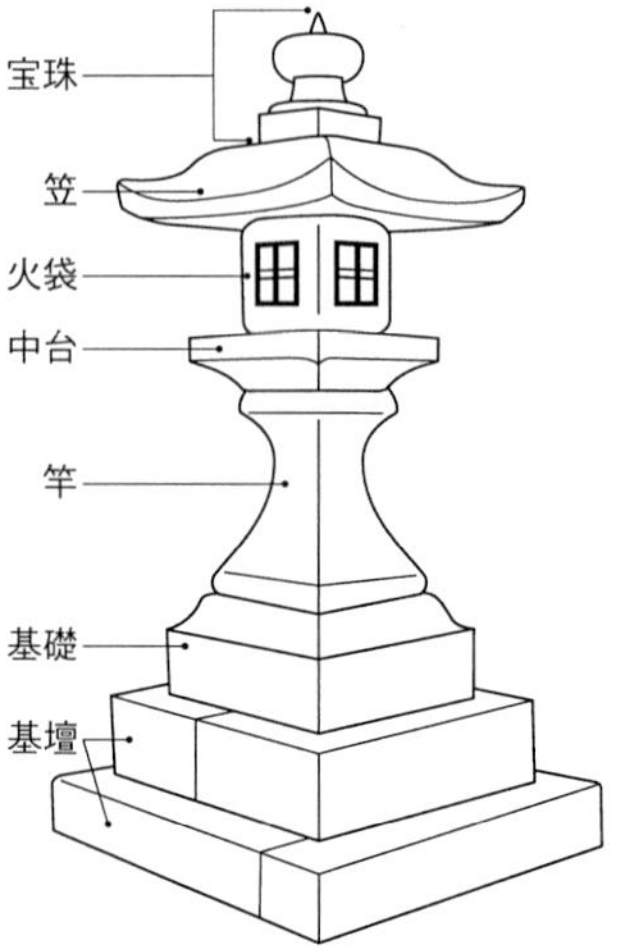

図4　宮前型石灯籠の各部名称

基壇を分類し、その年代別数量を整理したのが表2である。

表から明らかなように、切り石基壇一重と延べ石基壇一重とを組み合せたものが一番多く、切り石基壇一重と延べ石基壇二重とを組み合せたものが二番目に多い。次いで切り石基壇一重と延べ石基壇一重と切り石積み基壇一段の組み合わせ、切り石基壇一重と延べ石

表2　基壇の分類とその年代別数量

造立時期 / 分類	18世紀後半	19世紀前半	19世紀後半	20世紀前半	計
切り石一重	0	1	0	0	1
切り石一重＋延べ石一重	6	28	2	4	40
切り石一重＋延べ石二重	4	10	4	1	19
切り石一重＋延べ石三重	0	1	2	0	3
切り石一重＋延べ石一重＋切り石積一段	0	2	1	10	13
切り石一重＋延べ石二重＋切り石積一段	0	2	2	8	12
切り石一重＋延べ石二重＋切り石積二段	0	0	0	1	1
切り石一重＋乱石積一段	0	0	1	0	1
切り石二重＋延べ石一重	1	2	0	0	3
切り石二重＋延べ石一重＋切り石積一段	0	0	0	2	2
切り石二重＋延べ石二重	0	1	0	1	2
延べ石一重	0	1	0	1	2
延べ石一重＋切り石積三段	1	0	0	0	1
延べ石二重＋壇上積	0	0	2	0	2
延べ石三重	0	0	2	2	4
上 ←→ 下					106

宮前型石灯籠の基壇と基礎

基壇二重と切り石積み基壇一段との組み合わせが多い。これらの組み合わせには時代による推移がある。すなわち、切り石基壇と延べ石基壇の組み合わせは一八世紀後半から一九世紀前半に多く、切り石基壇と延べ石基壇と石積み基壇の組み合わせは一九世紀前半から始まり、二〇世紀前半に多くなる。つまり、時代の下降とともに基壇が高くなるという傾向が見て取れる。

　基壇の側面はいずれも素面であるが、基壇の一番上の側面上端に面取りをしたものが一〇基ある。基壇に石工名や願主名を陰刻したものが一九基ある。その一九基は、一九世紀前半のもの二基、一九世紀後半のもの五基、二〇世紀前半のもの一二基に分けられる。そのうち二〇世紀前半のもの一〇基は願主または寄附者が三名以上記されている。これは願主が一名または二名、あるいは氏子《うじこ》中《じゅう》の時、それまでは竿に陰刻されていたものが基壇に刻まれるようになったものである。

構造　基礎

基礎は形式上三種に大別できる。第一は四角形の切り石の上端四辺を弧状に面取りした形式で、普通によく見かけるものである。第二は蕨《わらび》のように巻き込んだ脚が四つある形式である。第三は蕨型と普通型を組み合わせた形式である。さらに普通型は、下端中央が繰り取ってある繰り取り式、基礎に壇があり上が普通型のようになっている二段式がある。その基準で分ければ普通型が九八基あり、蕨型四基、結合型四基である。普通型九八基のうち繰り取り式は一三基、二段式は二基ある。蕨型・結合型・繰り取り式・二段式などの変化形式は、一九世紀前半も半ば以降から見られる。まず一八三〇年代に結合型が出現し、一八四〇年代には蕨型が、一八五〇年代には繰り取り式が、一八九〇年代には二段式がそれぞれ出現する。一九世紀後半に造立された一六基のうち変化形式の基礎を持つのは六基（三七・五％）で、二〇世紀前半に造立された三〇基のうち変化形式の基礎を持つのは一三基（四三％）である。そのうち二〇世紀前半の一三基の一〇基までが繰り取り式である。これらの変化形式は灯籠を少しでも立派に見せようとしているものと考え

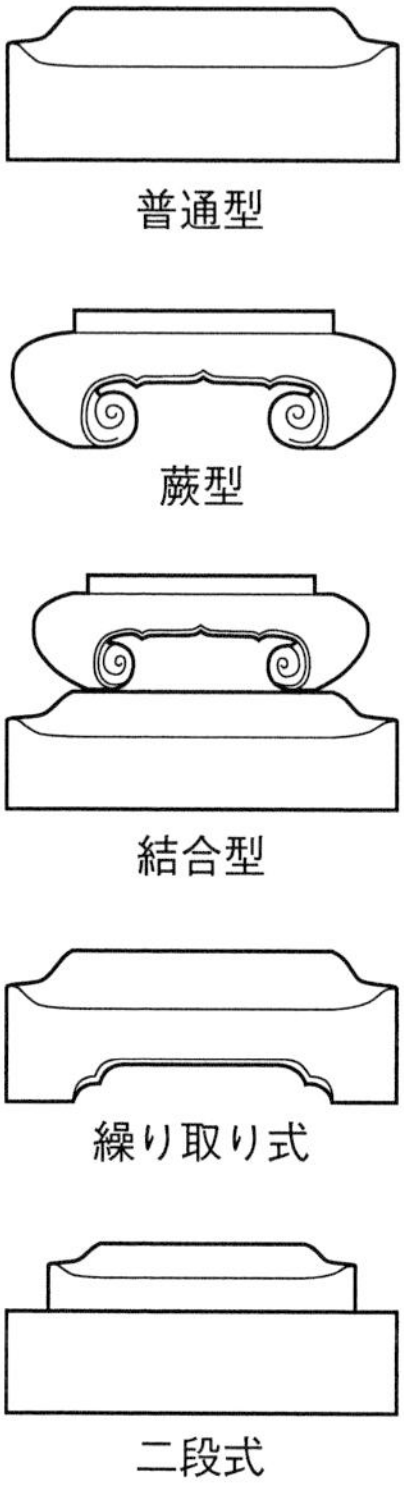

図５　基礎の形式の種類

られる。
基礎側面は素面が一般的だが、装飾しているものが二基ある。二基とも同所にあり、一方が他方を模倣している。いずれも基礎側面の正面のみに輪郭を巻き、その中に亀と波の意匠を刻出している。二基のうち初めに造られた方は写実性があり、すぐれた装飾的効果を持っているが、後から模倣して造られた方は写実性に乏しく装飾的効果は劣る。基礎に銘文のあるのは九基あり、「村中安全」、「御大礼《ごたいれい》記念」、あるいは願主名が陰刻されている。

構造　竿

竿は平面が四角形で、縦断面は下端より少し上が最大幅で、中央より少し上が最小幅、それから上は再び広がり、上端より少し下から再び狭まる。上端の突出部から下端の突出部まで四隅に面取りをしているのが多数ある。そのうちの三基は面取りが下部で蕨のように巻いていて装飾的効果を出している。竿の年代における変化として、新しいものほど幅に対する高さの比率が小さくなっていること、新しいものほど反り返りが大きくなっていることが揚げられる。幅に対する高さの比は、一八世紀後半のものは一・二代が多く、一九世紀前半のものは一・一代が多く、一九世紀中頃になると一・〇代が多くなる。そして二〇世紀前半には〇・九代が増加する。この変化は、竿が細長いものから徐々に太短いものに変わることを意味している。しかしこれは竿だけの変化

表3　竿の銘の面数

	18世紀後半	19世紀前半	19世紀後半	20世紀前半	計
1面	0	1	0	1	2
2面	4	16	13	21	54
3面	7	25	3	5	40
（正左右）	5	11	1	0	17
（正側背）	2	14	2	5	23
4面	1	6	0	3	10

宮前型石灯籠の竿

ではなく、基壇から宝珠までの釣り合いの変化をも意味する。

竿には全基とも銘文が陰刻されている。竿の二面のみ銘文を陰刻するものは五四基（全体の五一％）で最も多く、次いで三面に陰刻するもの四〇基（同三八％）、四面すべてに陰刻するもの一〇基、一面のみ陰刻するもの二基である（表3）。一面だけのものは正面の「御神燈」などの銘文だけであり、二面のものは正面の銘文と年号、三面のものは正面の銘文と年号と願主、四面のものは三面のものに村中安全などの銘文が加わっている。この銘文の陰刻されている面の数にも年代の推移がある。すなわち一八世紀後半、一九世紀前半には三面に銘文が陰刻されているものが多く、一九世紀後半、二〇世紀前半には二面のみ銘文を陰刻したものが多い。この原因は一九世紀後半には願主を陰刻しないものが多く、二〇世紀前半には願主を基壇に陰刻したものが多いからである。さらに三面に銘文を陰刻する場合でも、一九世紀前半の半ば頃までは正面と両側面の三面に陰刻するものが多いが、それ以後は正面と側面の片方と背面の三面に刻むものが増える。正面の銘文は「御神燈」から「献燈」へと一九世紀後半の半ば頃から変化する。またその文字も一九世紀後半の終わり頃からくずし字が増え、彫りも細くて浅いものが増える。

構造　中台

中台も平面は四角形であり、下端に竿を受ける四角座、上端に火袋を受ける四角座を造り出すものが多い。側面から下端へは緩やかな弧を描くものが多いが、請花《うけばな》などはない。側面は下端が両端で垂れ下がるものが多い。側面は素面のものが八五基（全体の八〇％）、装飾するものが二一基である。装飾は、輪郭を巻きその内部に文様を刻出しているのが八基、輪郭を巻くものの内部は素面のものが六基、輪郭を巻かずに文様を刻出しているもの五基、中央に紋を刻出し左右に輪郭を巻いているものが二基ある。文様は中央に一二弁または一六弁の菊の花を刻出しその左右に唐草《からくさ》を刻出したものや、中央に五弁の花びらを彫りく

図６　中台側面の装飾文様の例

ぼめ、その左右に唐草を刻出したものなどがある。

これら装飾のあるものは比較的古くからある。まず一八世紀後半に輪郭を巻き内部に文様を刻出したものが出現する。一九世紀前半の中頃には輪郭を巻かずに直接文様を刻出するものが現われる。同時に唐草文が徐々に複雑となる。一九世紀後半の中頃には中央に紋を刻出し左右に輪郭を巻くものが現われる。二〇世紀前半には輪郭を巻くが内部素面のものが現われる。なお文様は三面に配されるものが多く、左右の二側面は同じ意匠のものが多い。

構造　火袋

火袋は立方体のようであり、角が取れて丸いものと、角張るものとがある。四面にはそれぞれ火口があり、障子がはめてある。火袋が欠損しているものや、火袋の周囲に木枠をはめるものがあって十分な実測史料が集まらなかったため、詳細な変化を明らかにできていない。火袋に装飾しているものはない。火袋に銘を陰刻しているものが一対二基ある。それは寺院にあり、銘には「為…居士《こじ》」「為…比丘尼《びくに》」と陰刻されている。

構造　笠

笠はいずれも四注造りで、上端に宝珠を受ける四角座、下端に火袋を受ける四角座を造り出す

宮前型石灯籠の笠と宝珠（竹田神社）

ものが多い。特異な例として、鋳物師《いものし》竹田神社の文政《ぶんせい》九年（一八二六）灯籠の笠は大きな屋根の上に小さな屋根を枘《ほぞ》・枘《ほぞ》孔《あな》で嵌《は》めた二重式の笠となっている。一般に新しいものほど軒《のき》の反転や屋根の反りが急なようである。下端の火袋を受ける四角座から隅木《すみぎ》を刻出しているものが一八基ある。また笠の屋根に紋を刻出したものが七基ある。それらはいずれも正面のみに刻出していて、左巴《ひだりともえ》紋のものが五基、梅鉢《うめばち》のものが二基ある。笠の軒裏に銘文が陰刻されているのが一基ある。それは一九七〇年代に中台以上を改修した時に、改修者と年号を陰刻したものである。

構造　宝珠

宝珠部は、最上部の宝珠と、その下の首部、その下の伏鉢《ふくばち》と、最下の四角座との四部に分かれる。四角座を除く三部は平面が円形である。最上部の宝珠は先端が尖ったり、先端が長く伸び上がったりしている。四角座の側面はいずれも素面である。宝珠部が特殊な形をしているものが三種一二基ある。第一は宝珠の下に外へ広がる請花があり、宝珠を下から包み込もうとするもので六基ある。これら六基の請花の形はそれぞれ少しずつ異なる。この種のものは一九世紀前半の中頃から出現する。第二は宝珠と首部だけのもので、首部の下端が笠の上端の四角座に穿《うが》った枘孔に嵌められている。これは一基のみである。第三は伏鉢がなく首部が反っているもので五基ある。この五基はいずれも二〇世紀前半のものである。

構造の考察

総高（含基壇）より判断した灯籠の規模別数量は表4のようになる。実際には後補のものや、下端が土に埋もれるものなどがあるため、表の数値は若干修正する必要があるだろう。しかし、この表より一九世紀前半には七尺程度の灯籠が多かったのが、二〇世紀前半には八尺程度の灯籠が多くなることがわかる。すでに述べた基礎・中台などに装飾を加えたり、変化を与えているものは七尺以上の

表4　総高の規模別数量

	18世紀後半	19世紀前半	19世紀後半	20世紀前半	計
5尺5寸	0	2	0	0	2
6尺	0	4	0	2	6
6尺5寸	1	9	1	1	12
7尺	5	10	1	3	19
7尺5寸	1	5	2	4	12
8尺	0	6	3	6	15
8尺5寸	2	4	0	6	12
9尺	0	4	1	2	7
9尺5寸	0	1	2	1	4
10尺	3	3	4	2	12
10尺5寸	0	0	0	3	3
11尺	0	0	0	0	0
11尺5寸	0	0	0	0	0
12尺	0	0	2	0	2

※大きさは基壇を含めた総高より判断している

灯籠に限られている。すなわち基礎では、蕨型は八尺五寸灯籠と九尺五寸灯籠にそれぞれ二基あり、結合型は四基とも一〇尺灯籠である。繰り取り式のものは七尺灯籠から一〇尺灯籠まであり、二段式の二基は一二尺灯籠である。基礎側面に亀と波の装飾をした二基は一〇尺灯籠である。竿では、四隅の面取りが下部で蕨のように巻いている三基はいずれも一〇尺灯籠である。中台においては、側面に文様を刻出しているものは七尺、七尺五寸、八尺、九尺五寸、一〇尺灯籠にあるが、九尺五寸、一〇尺灯籠に多い。側面に輪郭を巻いているが内部素面のものはいずれも七尺、七尺五寸、八尺灯籠である。側面に紋を刻出し左右に輪郭を巻いている二基はいずれも一〇尺灯籠である。笠では、屋根に紋を刻出している七基は七尺五寸、八尺、一〇尺灯籠である。宝珠では、請花の形をしたものは八尺五寸、九尺五寸、一〇尺灯籠にある。これらのことから、装飾を配した逸品は九尺五寸、一〇尺灯籠に多いことがわかる。そこでそれらの九尺五寸、一〇尺灯籠を個別にみてみる。

桜川西《さくらがわにし》の子守勝手《こもりかって》神社の寛政《かんせい》一一年(一七九九)一〇尺灯籠(65ページ写真)は、切り石基壇一重と延べ石基壇二重を組み合わせた三重の基壇の上に普通型の基礎を置き、竿は面取りが下部で蕨のように巻いていて、中台側面は正面三面に輪郭を巻いた中にそれぞれ意匠の異なる文様を刻出する。全体的にみて雄大で安定しており、装飾も効果的である。

川合東出《かわいひがしで》の寛政一二年(一八〇〇)一〇尺灯籠は延べ石基壇一重の下に切り石積み基壇三段を

子守勝手神社の宮前型石灯籠

高木神社の宮前型石灯籠

設けている。基礎から宝珠までの各部に装飾や特別の変化はない。全体的にみると、基壇が高いものの、古調を示し、雄大さがある。

　宮井《みやい》の若宮《わかみや》神社の文化《ぶんか》一〇年（一八一三）一〇尺灯籠は、切り石基壇一重と延べ石基壇三重を組み合わせた四重の基壇の上に普通型の基礎を置き、竿は面取りが下部で蕨のように巻き、中台側面は四面に輪郭を巻いた中に左右面は同意匠だが、正背面は異なる意匠を刻出する。寛政一一年のものと比べ、四面に文様を刻出している点で進化しているが、基壇が四段となっているため雄大さに欠ける。

　岡本《おかもと》の高木《たかぎ》神社の天保《てんぽう》七年（一八三六）一〇尺灯籠は切り石基壇一重と延べ石基壇一重を組み合わせた二重の基壇の上に結合型の基礎を置く。基礎の上側の蕨部の細工はすばらしい。中台側面に装飾はないが、宝珠に請花が使われている。全体的にみて、すぐれた技巧の灯籠だが、その反面中台側面に物足りなさを感じる。

木村《きむら》の柳宮《やなぎのみや》神社の弘化《こうか》三年（一八四六）九尺五寸灯籠は、切り石基壇二重と延べ石基壇二重を組み合わせた四重の基壇に蕨《わらび》型の基礎を置き、中台側面は四面に正背二面と左右二面にそれぞれ同じ意匠の文様を線刻し、宝珠も請花式となっている。全体的にみて、技巧を凝らし変化を与えたすばらしい灯籠となっている。しかし文様を線彫りしている点に物足りなさが残る。

宮川《みやがわ》の八坂《やさか》神社の嘉永七年（一八五四）一〇尺灯籠は切り石基壇一重と延べ石基壇三重とを組み合わせた四重の基壇に繰り取り式の基礎を置き、中台側面は四面に輪郭を巻いた中に正背二面は同意匠の文様を刻出し、左右二面は同意匠の文様を線彫りする。全体的にみて雄大さなどは感じられなくなっている。中台側面の文様も唐草が複雑となっている。

若宮神社の宮前型石灯籠

石塔《いしどう》の若宮《わかみや》神社の一八七六年（明治九）一〇尺灯籠は、結合型の基礎の下段の側面正面に亀と波の模様を陽刻し、中台にも紋を刻出するなど技巧を凝らす。しかし趣向を凝らしすぎていて雄大さは感じられない。

下麻生《しもあそう》の山部《やまべ》神社の一八八六年（明治一九）九尺五寸灯籠は何ら装飾もなく、石塔の若宮神社の一八八七年（明治二〇）一〇尺灯籠は一八七六年灯籠の模倣に終わり、木村の柳宮神社の一九一二年（明治四五）灯籠は弘化三年灯籠の模倣に終わり、鋳物師の竹田神社の一九二五年（大正一四）一〇尺灯籠は雄大さよりもむしろ退化を感じさせる。

これらのことから九尺五寸、一〇尺灯籠は一八世紀の終わりから一九世紀前半に最も優秀なものが造られたといえる。七尺前後の灯籠においても一八世紀後半のものは一つ一つ各部の割合がさまざまだが、一九世紀のものは安定してくる。文字の彫り方も古いものはしっかりしているが、一九世紀も終わり頃から弱々しくなる。よって小さな灯籠においても一九世紀前半のものがすばらしいといえよう。

機能

灯籠は灯を献じるためにある。宮前型石灯籠においても同じであり、その主要な目的は灯を献じることにある。それは竿の正面に「御神燈」「献燈」などの銘文が陰刻されていることや、実際に灯籠が油で黒くなっていることからも裏付けられる。

宮前型石灯籠の造立目的の第一は献燈であるが、第二は安全を願うこと、すなわち祈願である。神に何かを寄進する場合、どんな場合にでも何らかの祈りをともなっている。それゆえにわざわざ銘文に現れることは少なく、「村中安全」など別の銘文として現れる。すなわち「村中安全」

の銘文を陰刻するのは一一基、「氏子安全」は七基、「取引安全」は二基である。「村中安全」の銘文のある最も新しいのは一八九九年(明治三二)のものである。それは以前から一基あった灯籠を一対二基にするために造られたもので、以前からの灯籠にも「村中安全」の銘がある。「氏子安全」の銘のあるのは二〇世紀に入っても存在する。それゆえに「村中安全」の銘文が一九世紀後半に使われなくなることは、一八八九年(明治二二)の市町村制施行による「村」から「大字」への変更と関係すると考えられる。「取引安全」の銘文が陰刻されている灯籠は地元出身の商人により寄進されたもので、灯籠の規模も大きく趣向が凝らされている。

第三の目的は団結を強くすることにある。これは願主の銘文から判断できる。願主が「氏子中」によるもの一〇基、「若連中」によるもの七基、「講」によるもの三基、「会」によるもの一基である。氏子中が願主または発起として銘文に陰刻されているのは一九世紀前半までであるが、それ以前・以後の願主銘がないものの多くは氏子中によるものと推察できる。「若連中」「若者組」「連中」による七基はいずれも一九世紀前期の中頃までのものである。「講」による三基は「厄除講」が二基、金毘羅《こんぴら》講が一基である。金毘羅講のものは寛政一二年(一八〇〇)のものであり、「厄除講」のは一八九八年(明治三一)のものである。「会」によるものは一九一二年(明治四五)の「揚武会」のである。これら団体による建立は一つの事業ともいえる。

目的の第四は記念のため、祝祭のためである。これも銘文から判断でき、「日露戦役紀念」一基、

金毘羅講による宮前型石灯籠

「御大礼記念」一基、「祝喜寿」二基、「初老謝恩」二基である。これらはいずれも二〇世紀前半のものである。この中の「日露戦役紀念」のものは発起が揚武会で、出征軍人六人の名前と寄進者二三人の名前が陰刻されている。

第五は、道標的な役割を果たすものである。町内のこれは位置や銘文から判断できる。町内の一〇六基を位置で大別すると、神社等に一〇一基、寺院に五基となる。さらに神社等の一〇一基は本殿前のもの二七基、拝殿前のもの一九基、参道または入口のもの四八基、その他七基に分けられる。このうち参道または入口にある灯籠は人々を神社に導く役割があるが、町内には長い参道のある神社が少なく、その役割を十分に果たすものは少ない。また「八幡宮」「金毘羅大権現」の銘文が陰刻されているものがある。これは人々に神社名を知らせるとともに神社へ人々を誘うと考えられる。この種のものは九基あり、いずれも一九世紀前期も中頃までのものである。現在多くの神社には入口に「〇〇神社」と陰刻する社号標があるが、これらの多くは一九世紀後半の終わり頃から造られることから、その前段階は灯籠に社名を陰刻することだと推定できる。また「宮」「大権現」と陰刻されていて「神社」と陰刻されていないことも年代を反映している。

図7　年代別数量

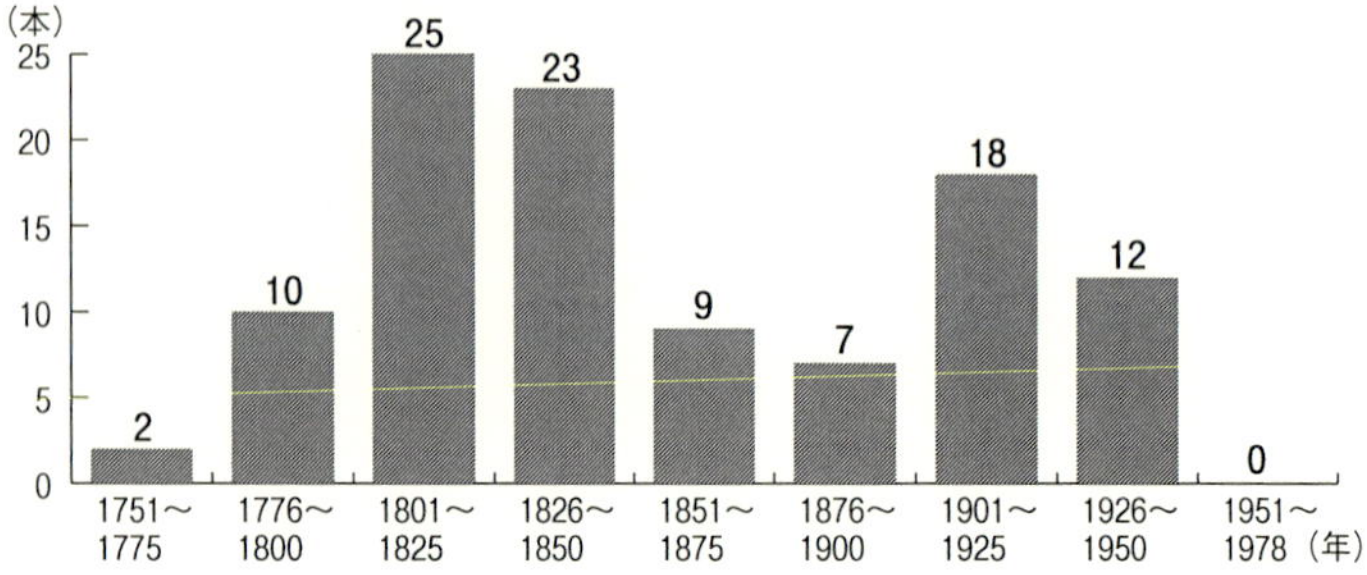

第六は、菩提を弔《とむら》うためである。これは特殊な例であり、「為…居士」「為…比丘尼」と銘文の陰刻されているものが一対二基ある。

他に一基だけのものを一対二基にするため造立する場合がある。すなわち最初から一対二基のものは三五対七〇基あり、一基一基別に造られたものは一一対ある。

年代による増減

町内の一〇六基の宮前型石灯籠は一時期に全部が造られたものでも、長い期間に平均して造られたものでもなく、多く造られた時期と少ない時期とに分けられる。ここでは銘文や社会の状態から増減の原因を類推する。

町内の宮前型石灯籠の年代別数量は図7のようである。このグラフから一九世紀前半および二〇世紀前半が造立の盛んな時期だとわかる。その二つの時期でもとりわけ一八一一年から三〇年までの二〇年間には三二基が造られ、一九一一年から

蒲生地区最古の宮前型石灯籠

四〇年までの三〇年間には三〇基が造られている。以下発生期と一回目の最盛期、低迷期（変質期）、二回目の最盛期、衰退期をみてみる。

町内で最古のものは宝暦《ほうれき》一〇年（一七六〇）のものである。町外においてはそれよりも古いものがあるので、この形の石灯籠の成立は一八世紀前半に遡ると考えられる。この形式の灯籠がどのような形式の灯籠から発展したか、またなぜ造られるようになったかは今のところ不明である。ただ古い遺品の竿が細長いことから四角形灯籠の竿に変化を加えたのが最初だろうと推察できる。しかしこの形の灯籠はその後あちこちで造られ、徐々に普及する。一八世紀終わりには優れたものが数多く見られるようになり、最も人気のある灯籠として多くの人により造られ続けたと言える。

一九世紀前半五〇年間に造られた数は四八基（全体の四五％）であり、中でも文化八年（一八一一）から天保元年（一八三〇）までの二〇年間に三一基（同三〇％）が造られている。この二〇年間を中心とする時期が第一回目の最盛期となる。この二〇年間の灯籠の特徴は大型灯籠が少ないこと、願主が若連中《わかれんじゅう》のもの六基、「金毘羅」の銘のあるのが五基あることである。これ以外の時期において、願主が若連中のもの一基、「金毘羅」の銘のあるのは二基である。この時期に多く造られるようになった理由として、農村の生産力の向上、流通経済の発展、民衆信仰の流布、文化活動の活発化などが考えられる。しかしこの二〇年間といえども、一基も造立されていない年が八年間ある。特に文政三年（一八二〇）前後の年はあまり造られていない。これは調査の標本数の少なさにもよるが、風水害・干害・地震・疫病《えきびょう》などと関連するかもしれない。またこの二〇年間にも内的変化がある。すなわち一八一〇年代（一四基造立）には願主が若連中のもの六基、個人によるもの〇基なのに対し、二〇年代（一八基造立）には若連中によるもの〇基、個人によるもの六基となる。これは標本数の少なさや、願主の不明のものがあるのではっきりと断定できないが、一つの変化である。

一九世紀前半も一八三一年以降は一二基しか造られず、一九世紀後半の五〇年間には一六基しか造られていない。そして二〇世紀の最初の一〇年間には一基も造られていない。この七〇〜八〇年間が低迷期または変質期といえる。このように激減した理由として幕政立て直しのための農民層への圧力強化、飢饉、社会のめまぐるしい変化などが考えられる。この天保二年（一八三一）から一九〇〇年（明治三三）までの七〇年間の宮前型石灯籠の特徴は大規模なものが多いことである。すなわちこの時期に造られた二八基のうち九尺以上のものは一三基（九尺以上の灯籠全体の五二％）である。この七〇年間に銘文や構造は大きく変わる。銘文については、万延《まんえん》元年（一八六〇）

図8　竿の銘文

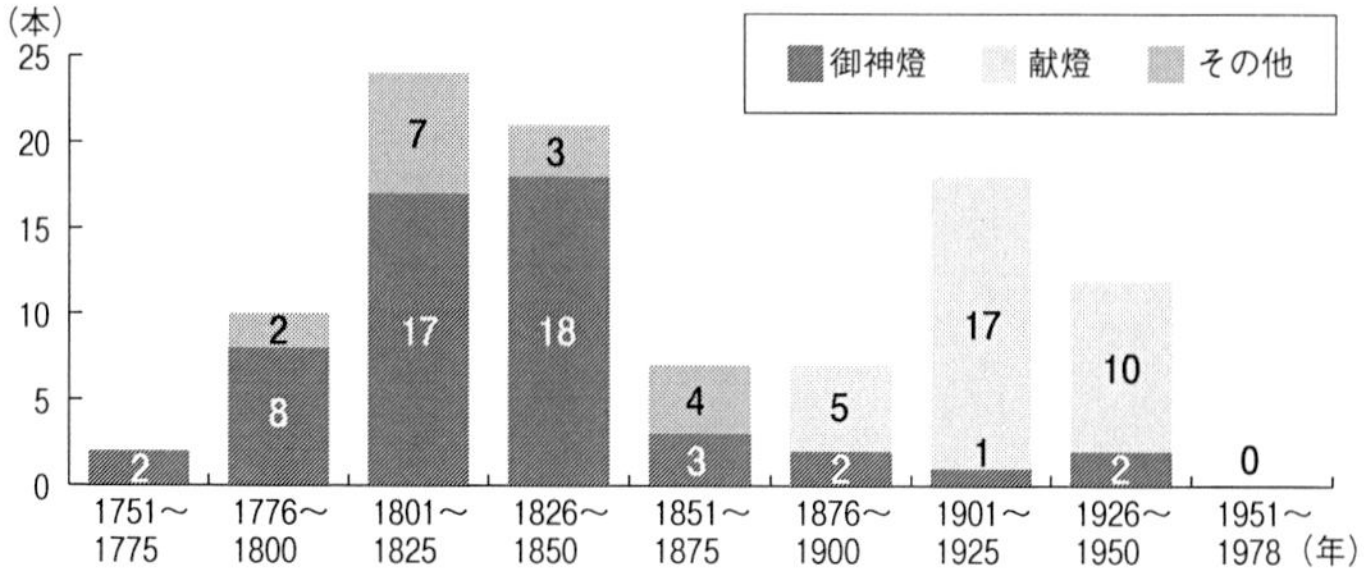

※この表は神社にある灯籠のみである
※※「その他」には「金毘羅」「奉献」などが含まれる

までのものは竿に「御神燈」と陰刻しているものが多かったが、一八八一年（明治一四）以降は「献燈」と陰刻するものが造られ、普及することである（図8）。その間の六〇年代の三基はいずれも「奉献」で、七〇年代の一基は「御神燈」と陰刻されている。また明治三年（一八七〇）までのものには年月の銘文の下に「吉日」としたものが多いが、明治四年以降のものにはなくなる。また嘉永《かえい》四年（一八五一）から一八八〇年（明治一三）にかけての灯籠には願主銘を記したものは一基しかない。八〇年以後、願主の個人名を何人も陰刻したものが多くなる。構造については切り石積み基壇の普及、変化形式の基礎の発生、基礎側面の装飾、中台側面の装飾の複雑化などがあげられる。これらの変化は幕末から維新への変動を反映するとともに、二〇世紀前半に再び多く造られる足がかりとなっている。

二〇世紀前半には三〇基（全体の二八％）が造られている。それらはすべて一九一一年（明治四四）から一九四〇年（昭

日露戦役紀念の宮前型石灯籠

和一五）までの三〇年間に造られていて、この三〇年間が二回目の最盛期だといえる。この時期の特徴は「日露戦役紀念」「御大礼記念」と陰刻されたものがあり、社会的風潮の影響が強く感じられることや、数人が願主となる場合が多いことである。構造は前期と同じで規模が大きく各部に趣向を凝らしているが雄大さなどは感じられず、形式的な感じがする。銘文も前期の変化を受け「献燈」とされ、「吉日」を陰刻したものは一基もない。この時期に再び多く造られた理由は、農村経済の発展、国家主義的・軍国主義的色彩が強まったこと、国家による神道を重視する影響を受けたことなどが考えられる。しかし一九三九年（昭和一四）を最後に造られなくなる。これは戦時体制による物資不足のためであろう。一九四五年（昭和二〇）以降は農地改革や軍国主義・国家神道の崩壊による経済的変化、人々の神社信仰に対する意識変化などによるためである。

他の石造物との関係

神社には宮前型石灯籠以外にもさまざまな石造物がある。それらの石造物との関係を考えることにより、宮前型石灯籠の位置付けがはっきりする。ここでは神社にある石鳥居・石灯籠・石造手水鉢・石造狛犬などを通じて宮前型石灯籠を考える。なお、石灯籠・狛犬などの数や銘文は全量を調べ切れているわけではない。

一八世紀前半にはまだ宮前型石灯籠が蒲生町で造られていない。この時期の石造物には石鳥居一基、手水鉢四基、四角形・六角形灯籠がある。

一八世紀後半には、宮前型石灯籠が蒲生町でも造られるようになる。この時期の石造物には手水鉢四基、四角形・六角形灯籠がある。

一九世紀前半には、宮前型石灯籠が最盛期を迎える。この時期の石造物には手水鉢三基、狛犬六基、稲荷社の狐像二基、四角形・六角形灯籠がある。前期との比較では狛犬が造られるようになったことが注目される。

一九世紀後半には、宮前型石灯籠が少ししか造られなくなる。この時期の石造物には石鳥居三基、手水鉢四基、四角形・六角形灯籠がある。前期との比較では石鳥居が造られるようになったことが注目される。

二〇世紀前半には、宮前型石灯籠が再び数多く造られる。この時期の石造物には石鳥居一四基、手水鉢六基、狛犬二六基、社号標一六基、四角形・六角形灯籠がある。前期との比較では社号標が造られるようになったこと、すべての種類の石造物が数多く造られていることが注目される。また銘文に「日韓併合紀念」「御大典記念」「満州事変凱旋《がいせん》記念」「皇紀二千六百年紀念」などと陰刻されているのがあることも注目される。

二〇世紀後半には、宮前型石灯籠が造られていない。この時期の石造物には石鳥居五基、狛犬八基、社号標一基、手水鉢、四角形・六角形灯籠がある。前期との比較では四角形・六角形灯籠の激減が注目される。

以上より宮前型石灯籠について次の二点が明らかとなる。第一は、一九世紀前半の宮前型石灯籠の流行は他の石造物とは比べものにならないほどの大流行であったということ、第二は二〇世紀前半の宮前型石灯籠の流行は他の石造物も数多く造られているので特異なものでなく、むしろこの時期には社会的風潮により神社への奉納物がたくさん造られたということである。

第三章　社号標

社号標の発生と役割

宮前型石灯籠には「八幡宮」「金毘羅大権現」の文字を刻んだものがあった。それは神社名を知らせるとともに、人々を神社へ誘う役割を果たしていた。ただし年代的には一九世紀前半の中頃までのものに限られた。現在多くの神社の入口には神社名を表示する社号標が建つが、それは一九世紀後半の終わり頃から造られている。そのことから社号標の前段階は石灯籠に社名を陰刻する形であったと言える。

巨椋神社の社号を刻んだ石灯籠

二〇〇八年一二月、仕事の関係でお世話になった京都府立大学の先生や学生たちと宇治《うじ》市北西部の神社巡りをした。小倉《おぐら》町（近世の小倉村）の巨椋《おぐら》神社の入口にある宮前型灯籠には、正面に「巨椋神社」と刻み、左右の側面に「春日社」「天明五乙巳年（一七八五）九月建之」と刻んでいた。一見して不可解な銘文配置であり、「巨椋神社」だけ書体の異なることからも後刻と判断された。おそらく近世には「春日社」の文字が正面側にあり、近代初頭の巨椋神社への改称後に銘文を刻み直し、竿部の向きを九〇度変えて積み直したと思われる。その時、「春日社」の文字を石灰で埋めたらしい痕跡が残っている。灯籠の近くには元京都府知事北垣国道《きたがきくにみち》の書になる「式内巨椋神社」と篆書体《てんしょたい》で刻まれた一九〇二年（明治三五）の社号標がある。

社号標は、境内の入口にあって、神社の名称（社号）を刻む標石である。社号標があると他所の者でも神社名がわかるが、それがないと神社であることがわかっても、名称を知るには地元の人に尋ねるしかない。神社の名前のわかること、それが社号標の目的であるといえよう。

社号標の研究史

社号標については滋賀県内の事例を取り上げた滋賀県文化財保護協会の松室孝樹《まつむろたかき》氏の先駆的な研究がある。氏は県内一五〇余社の社号標を取り上げ、建立年代、揮毫《きごう》者、寄進者・寄進の契機を概観し、その特徴と滋賀県内の傾向とを明らかにした。

形態的には、台石を有し、高さ二〜四m程度で、時期の下降とともに大型化の傾向があり、材質は大半が花崗岩《かこうがん》である。形状は四面ともに平滑《へいかつ》に仕上げた四角柱が多いが、自然石のもの、文字を記す一面ないし二面のみ平滑に仕上げる場合もある。頂部を頭錐《とうすい》形に仕上げるものが多い。

文字情報には、①社号（社格）、②建立年代、③揮毫者、④寄進者、⑤建立・寄進される契機、などである。正面に①が、背面または左右側面に②〜⑤が記される。①は必須であるが、②〜⑤は記さないものもある。

滋賀県内最古の社号標は大津《おおつ》市京町の天孫《てんそん》神社にある一八八三年（明治一六）一月のものである。建立年代についての全体の傾向としては明治年間末期（一九〇五年頃）から昭和年間前半（一九四〇年頃）までの約三五年間に多く見られること、日露戦争直後の一九〇六年（明治三九）と翌年、大正天皇御大典《ごたいてん》の一九一五年（大正四）、紀元二六〇〇年の一九四〇年（昭和一五）に集中する傾向が認められる。

揮毫者については、書として優れているだけでなく、揮毫者の社会的地位への関心が高いと考えられることを指摘している。書家としては、明治三筆《さんぴつ》に挙げられる旧彦根藩士の日下部《くさかべ》鳴鶴《めいかく》、旧水口藩士の巖谷《いわや》一六《いちろく》のものがある。また、円満院《えんまんいん》の寺侍《てらざむらい》で、維新後に大津県に出仕して書記官を勤め、その後に日吉《ひよし》神社宮司となった伊藤紀《いとうとし》の揮毫するものが多い。日露戦争以降は中央の政治家、軍人の揮毫が一般化してくる。個々の神社とそれらの人たちとの関係がどのように結ばれたかは今後の課題としている。全体としては、三分の一ほどは揮毫者名が記されていないとする。

寄進者については、個人または団体に大別できる。個人の場合は、兄弟や親類などの共同によるものが多い。団体では氏子によるものが多いとする。寄進の契機としては、従軍・帰還記念、天皇即位記念、皇紀二六〇〇年紀念として建立された事例が注目されると指摘する。

東近江市蒲生地区の社号標から

東近江市旧蒲生《がもう》町の旧大字《おおあざ》にある神社には、そのほとんどに二〇世紀前半の社号標がある。その位置は、参道あるいは境内の入口にあることが一般的である。最初の鳥居（一の鳥居）や灯籠よりも手前にあることが多い。例えば、鋳物師《いものし》の竹田《たけだ》神社では、日野八幡街道に面する一の鳥居の右手前にある。神社の境内まではおよそ五百mの地点である。このように、参道あるいは境内の入口に位置するということは、社号標が神社の表札としての機能を果たしていることを意味する。

蒲生地区の社号標

社号標の形状は、背の高い方柱型のものが一般的である。形状から建てるという意識が生まれ、年月日の後に「建之」と刻むものが多い。方柱型の石はそのまま地面に埋められることは少なく、別の形状の基礎石と組み合わされる。なお、方柱の先端を切り下げて改造されているものがいくつかあった。例えば、川合《かわい》の玉緒《たまお》神社のものは、現状では裏面の年号が「二年十月十三日指定」の文字しか残らない。同社は明治四二年一〇月一三日に幣帛《へいはく》供進指定の神社となっている。そのことより、「明治四十」という文字の欠損していることが推測できる。これは、おそらく正面に刻まれていた「村社」という社格の文字をなくすために上部を短く改めたためであると思われる。

刻銘は、表面に神社号、裏面または側面に建立年、寄附者名、揮毫者名を陰刻するものが一般的である。石の表面には刻銘以外に装飾等による加工を施すことはない。神社号は、「○○神社」と社号のみを刻むものが多いが、「村社」「正一位」などの社格を付けるものも見られる。建立年は、年月を刻むものが多く、日付まで入るものは少ない。日付の代わりに、吉日とするものもある。建立月は、春の三月・四月が多く、次いで秋の一〇月、正月や七月となる。春に多いことは、神社の春の大祭前に建てようとする意識と関連すると思われる。寄

川合玉緒神社の社号標の裏面（左側）

附者は、地元の個人または複数人であることが多い。親睦会で作られているものもある。建立の契機については、川合の玉緒神社のものに「指定」の文字があり、前述の幣帛供進神社への指定を契機に建てられたものである。横山《よこやま》の櫟《いちい》神社のものには「満州事変凱旋記念」の文字があり、前年九月に始まった満州事変に参加し、勝って帰ってきたことを祝して建てられたと考えられる。

社号標の銘文で、最も特徴的なことは揮毫者名を記すことである。誰（どのような社会的地位の人）の文字であるかということが社号標の関心事であったことがわかる。ただし、名前を記さないものも半数近くある。旧蒲生町の社号標一七ヶ所のうち揮毫者のわかるものは一〇ヶ所であるが、同じ人が書いたものはなく、それぞれ別の人である。「自書」とあるものが二ヶ所あるが、それは寄附者自身の書という意味である。揮毫者を見ると、社会的地位を表す肩書等の付く人物が多く、肩書により人選が行われたことがうかがえる。肩書のない人物として、桜川西《さくらがわにし》の子守《こもり》勝手《かって》神社の「外池宇平」がいるが、外池《とのいけ》は桜川西出身の実業家（近世の近江商人の後継）で、社号標以外にも多くの寄進をしていて、肩書の必要のない人物であったと言える。

人名について少し詳しくみてみると、玉緒神社の岡部《おかべ》譲《ゆずる》（一八五〇頃〜一九三七）は賀茂真淵《かものまぶち》の末孫に当たり、伏見稲荷の宮司を務めた人物である。山部《やまべ》神社の野村素介《のむらもとすけ》（一八四二〜一九二七）は長州出身の政治家で、「素軒」の号をもつ書家として知られた人である。竹田《たけだ》神社の一戸《いちのへ》兵《ひょう》衛《え》（一八五五〜一九三一）は日露戦争の旅順攻囲戦で名を知られた陸軍の軍人で、退役後は学習院院長、明治神宮宮司（一九二四年八月から）などを務めた。高岸神社《たかぎし》の藤井行徳《ふじいゆきのり》（一八五五〜一九三二）は京都の松尾《まつお》神社・平野《ひらの》神社の宮司を務めた人物で、貴族院議員でもあった。高木神《たかぎ》社の新庄《しんじょう》滋賀県知事は、一九三一年一二月から翌年六月までの短期間の在任であったが、第二五代滋賀県知事を務めた新庄祐治郎《ゆうじろう》である。大塚《おおつか》の八幡《はちまん》神社の三条公輝《さんじょうきんてる》（一八八二〜一九四五）は、三条実美《さねとみ》の三男であるが後に三条家の家督を相続し、宮内省の掌典職《しょうてんしょく》の長官、貴族議員などを務めた人である。このように見ると、多賀《たが》大社の宮司である大和田《おおわだ》（合戸《ごうど》の八幡神社の社号標）も含めて神社関係者が多いこと、政治家の多いことなどが指摘できる。もちろん能書家であることも大事だと思われるが、野村素介を除いて書家として著名な人ではないようである。個々の人物との関係については未調査であるが、何らかの伝手《つて》をたどって懇請したものと思われる。なお、松室氏の研究を参照すると、岡部譲、一戸兵衛の揮毫になる社号標は湖北地方などの数ヶ所に見られ、人気のある揮毫家であったことがわかる。

滋賀県における社号標から

社号標の建立の契機には、社格の昇格等が挙げられる。例えば、米原市岩脇《いおぎ》の稲荷神社のものは明治一七年（一八八四）の建立で、「村社」の社格も刻んでいるが、その年は同社が村社に加わったときで、それを機に建てられたものと推測できる。同様の事例は、甲賀市油日《あぶらひ》の油日神社の「県社」の社格を刻む一九〇七年（明治四〇）四月のもので、同社は前年七月に県社となっている。大津市園城寺町《おんじょうじ》にある三尾《みお》神社の一九一〇年（明治四三）のものも、同年の県社昇格と関連すると想像される。県社昇格と関連する社号標はその他にも数多く見られる。一九一六年（大正五）の天孫神社の東側社号標（大津市、大正四年に県社）、一九二〇年（大正九）の北野《きたの》神社の社号標（彦根市、大正九年に県社）、一九二二年（大正一一）の佐久奈度《さくなど》神社の社号標（大津市、大正一〇年に県社）、一九二五年（大正一四）の奥石《おいそ》神社の社号標（近江八幡市、大正一三年に県社）、同年の山津照《やまつてる》神社の社号標（米原市、大正一〇年に県社）、一九二六年（大正一五）の豊国《ほうこく》神社の社号標（長浜市、大正一一年に県社）、一九三〇年（昭和五）の沙々貴《ささき》神社の社号標（近江八幡市、大正九年に県社）などである。このように県社の昇格と社号標の建立が関連していたことがわかる。郷社に関するものでは、一九二二年（大正一一）に昇格した柏木《かしわぎ》神社の社号標（甲賀市）などがある。

建立の契機の一つとして、社名の変更もある。長浜市石田《いしだ》町の日吉神社は、一九一〇年（明治四三）に石田神社から元の日吉神社に復称したが、社号標もその年に建てられていて、社号の変更にともなうものと推測できる。

滋賀県のものには「村社」とするものがいくつかある。後に述べる京都府の事例では「郷社」「府社」と刻むものは多いが、「村社」とするものは少ない。また、村社・郷社でなく、「式内」

滋賀県の社格社号標

とするところも何社かある。後述する大阪府の事例から考えると、「式内」の意味を重視して勧めた人がいる可能性も考えられよう。

滋賀県の社号標の揮毫者には、松室氏も指摘するように書家が多いことも特徴である。巌谷一六、日下部鳴鶴の他にも、松室氏も紹介する滋賀県の神社界の中心的人物で書にも評価の高かった伊藤紀、日下部鳴鶴の弟子の山本由定《やまもとよしさだ》のものもある。

松室氏が書家と並んで指摘する軍人、政治家の他に、神社関係者の揮毫者も多い。日吉神社宮司の伊藤紀、高橋城司《たかはしじょうし》、笠井喬《かさいたかし》、矢野泰也《やのやすなり》、伏見稲荷宮司の岡部譲、賀茂御祖《かもみおや》神社の矢野豁《やのとおる》、石清水《いわしみず》八幡宮の副島知一《そえじまともかず》、大宰府《だざいふ》神社の菅原信雅《すがわらのぶまさ》、春日《かすが》神社の大和田貞策《おおわだていさく》などである。

最後に、高島市の白鬚《しらひげ》神社の社号標について言及する。白鬚神社の社号標は、一九三二年（昭和七）に建てられたもので、揮毫者は元滋賀県知事の堀田義次郎《ほりたぎじろう》である。社号標とは別に、竿の正面に「白鬚大明神」と刻む背の高い永代《えいたい》常夜灯がある。古写真を見ると元は湖岸にあり、湖から舟で参拝に来る人に社号標の役割を果たしていたようである。右側面には「海上安全、心願成就」、左側面には「天保四年八月」と刻んでいて、江戸時代後期の天保四年（一八三三）の建立である。八月は白鬚社の秋季大祭の時期でもある。願主は京都の紅近江屋藤兵衛、発起は京都の早藤卯左衛門、松尾卯兵衛のようである。白鬚神社に関しては、天保七年（一八三六）に京都の寿永講により西近江路沿いの七ヶ所に道標が建てられていて、それらからは講の人による強い信仰が窺われる。

社号を表示した鳥居額、手水鉢、灯籠、石鳥居

先に、社号標の成立以前には石灯籠に社名の刻まれていることを見たが、そのことについて改めて見てみよう。草津市南山田《みなみやまだ》の大宮若松《おおみやわかまつ》神社の参道入口には、竿部の正面に「大宮若松大明神」と刻む享和《きょうわ》二年（一八〇二）建立の宮前型石灯籠が一対ある。右側の灯籠の背後には、「大宮若松神社」と刻む一九二二年（大正一一）二月の社号標が建っていて、ここでも石灯籠から社号標への変化が確かめられる。宮前型石灯籠以前では、六角形灯籠に社号を刻むものがある。例えば、栗東市下戸山《しもとやま》の小槻《おつき》大社には参道途中に延宝《えんぽう》五年（一六七七）三月の石灯籠があり、そこには「正一位小杖大明神」と刻まれている。同様に、草津市青地《あおじ》町の小槻神社の玉垣内にある元禄《げんろく》八年（一六九五）九月の六角形石灯籠には「正一位池宮大明神」という旧社名が刻まれていて、これら

の石灯籠が社号標の役割も果たしていたと言えよう。
灯籠以外には、鳥居額がある。例えば、近江八幡市岩倉《いわくら》の諏訪《すわ》神社には石鳥居に「正一位諏訪大明神」の木額が現在も掛かる。鳥居額は絵図からもうかがえ、文化二年（一八〇五）の題字をもつ『近江名所図会《ずえ》』では、坂本の日吉大社の鳥居に「日吉山王」の額が描かれている。また、高宮駅（宿）の多賀大鳥居には「多賀大社」の額の懸かる絵が描かれる。このような鳥居額は、社号標の建設以前には最も普通に見られる社号表記物であった。

社号を刻む八坂神社の手水鉢

神社境内にはこの他にも社号を記すものがある。その一つが手水鉢《ちょうずばち》である。東近江市宮川《みやがわ》町の八坂《やさか》神社では、明和《めいわ》七年（一七七〇）の手水鉢に「祇園」と旧社号が刻まれる。同様に、同市鈴《すず》町の高岸《たかぎし》神社では安永《あんえい》二年（一七七三）の手水鉢に「高岸社」と社号が刻まれる。草津市の立木神社の寛文《かんぶん》十年（一六七〇）手水鉢には「正一位立木」とある。このような社号手水鉢も各地にあった。

石鳥居に社号を刻むものも見られる。京都府城陽《じょうよう》市平川《ひらかわ》の平井《ひらい》神社では、参道入口にある貞享《じょうきょう》二年（一六八五）の鳥居の右側柱正面に「牛頭天王鳥居奉再興」と刻まれていて、神社の旧号の牛頭天王《ごずてんのう》社の名前を知ることができる。城陽市中《なか》の天満《てんまん》神社では、参道入口にある元禄五年（一六九二）の鳥居の右側柱正面に「天満天神宮」と刻まれている。

村の神社では、近世から近代にかけて各種の石造物が寄進され、神社らしさを整えてきた。最初は本社前の六角形・四角形灯籠であり、並行して参道の石鳥居であり、徐々に参道の灯籠が追加され、手水鉢、石階、石垣、敷石、玉垣などが整備され、最後に社号標、狛犬などが作られてきたところが多い。その点で、近代初期の社号標の成立以前において手水鉢、灯籠、石鳥居などに社号が刻まれているのは、その時点における社号標の役割を果たす石造物といえる。

社号標に関してもう一点言及すると、社格の廃止により社号標の社格の部分を削ったり、埋めたりしたものが見られることである。石造物の陰刻が意図的に壊されることはあまり見られないだけに、注目すべき事象である。

古写真・文献等に見る社号標

一九世紀にヨーロッパで発明された写真技術は、ほどなく江戸時代末期の日本にも伝えられ、日本に来た外国人の撮影した写真とともに、江戸時代末期から明治年間前半にかけて数多くの写真が残された。一八八一年（明治一四）に京都舎密局《せいみきょく》で編綴《へんてつ》されたと考えられる『撮影鑑《かがみ》』（京

古写真の社号標（梅宮神社）（京都学・歴彩館「京の記憶アーカイブ」より）

都学・歴彩館所蔵）の中に、社号標の見られる古写真が二枚ある。一つは稲荷《いなり》神社（現、伏見稲荷大社）で、鳥居前に「官幣大社稲荷神社」の文字の刻まれた社号標が建つ。伏見稲荷は明治四年（一八七一）に官幣大社《かんぺいたいしゃ》となって社号を稲荷神社と改めている。同社刊行の年表には一八七四年（明治七）五月二八日に社号標を建設したと記録されていることから、写真はそれ以降に写されたものと言える。もう一枚は梅宮《うめのみや》神社で、鳥居前に「梅宮日本第一　酒造之祖神　安産守護神」の文字の刻まれた宝珠付方柱型の社号標が見える。梅宮社は同年に官幣中社梅宮神社となっていて、この石標は社名の表記からそれ以前のものと類推される。この社号標の詳細については後述する。

次に、社号標の建設に関係する京都府行政文書を紹介する。明治一四年（一八八一）五月一三日付けで、京都御苑内にある宗像《むなかた》神社祠官《しかん》の田中正信《たなかまさのぶ》から京都府知事宛てに出された「一ノ鳥井并府社標柱等建替之義ニ付伺」という書類には、一ノ鳥居前に新たに石燈籠を建築するので、鳥居を三間《けん》（約五・四五ｍ）ほど西北に引き移すとともに「府社之標柱も同様建替申度」と記す。これによれば、府社宗像神社を示す標柱がすでにあったことになる。宗像神社は明治一〇年（一八七七）三月二三日に府社に列せられていて、その間に建てられたと考えられる。

明治一四年（一八八一）六月一三日、京都府上京《かみぎょう》区第二五組の下《しも》御《ご》霊《りょう》社の祠官出雲路《いずもじ》興通《おきみち》は、府社に列せられたことから、幅九寸四方、長さ二間の「社格社号之標柱」の建設を京都府に願い出ている。別紙図面には、鳥居前の右側に朱書きで位置が書かれている。さらに南入口にも幅五寸四方、長さ二間の社号の標柱を建てる願書が出されている。

明治一四年（一八八一）六月二五日、京都府乙訓《おとくに》郡の離宮八幡宮では郷社に列せられたことから、「郷社神号木柱」の建設を願い出ていて、木造の社号標のあったことがわかる。

明治一五年（一八八二）一月二一日、京都府愛宕《おたぎ》郡岡崎《おかざき》村の岡崎神社祠《し》掌《しょう》山口《やまぐち》真景《まさかげ》と惣代は、前年一二月二二日に郷社に列せられたことにより、「社格社号記載候標柱」の建設を京都府に願い出ている。別紙図面には、鳥居前の右側に「此所標柱建設所」と指示されている。

このように社号標は、官幣社、府社、郷社などの成立にともなって、それを誇示するために造られ始めたと言える。それゆえ資料には「社格社号之標柱」と表記されていた。近代における神社の社格は明治四年（一八七一）五月一四日に制定されていて、官社（官幣社、国幣社等）、諸社（府県社、郷社、村社等）、無格社などに区別されたが、その後に列格・昇格したところも数多い。この点に関連して菱田哲郎《ひしだてつお》氏が、社号標は近代初頭における神社をめぐる政策の中で必要性が生じて建設されたものと指摘しているが、それは正鵠《せいこく》を得ている。建設に際して、神社の祠官・祠掌などが願書を提出していることから、宮司の常住する神社の方が村人神主の神社よりも建設の意志が早かったと推測される。

社号標の成立は、社格というものを氏子・参拝者に意識させるとともに、多くの地域で諸社と無格社の峻別《しゅんべつ》を意識させた。また、近代になり社名を変更したところもあったため、新しい神社名を定着させる役割も果たした。

京都府における社号標

京都御苑内にある宗像神社の社号標は、一八八三年(明治一六)二月に建立のものが現存する。銘文は「府社　宗像神社」とあり、府社の文字は上部に横書きされるが、現状ではその文字は埋められている。前述した一八八一年(明治一四)の「一ノ鳥井并府社標柱等建替之義ニ付伺」(京都府庁文書)では、「府社之標柱も同様建替申度」と記して図が添付されていたが、実際はその後に建立されたものが現存していて、移転がうまくいかなかったと考えられる。揮毫者は「従五位山中献拝書」とある。山中献《やまなかけん》は三河《みかわ》(愛知県東部)の素封家《そほうか》の出身で、幕末から明治年間前期にか

宗像神社の社格社号標

けて活躍した勤王の志士である。明治二年（一八六九）には石巻《いしのまき》県権知事《ごんちじ》、翌年には登米《とめ》県権知事等を歴任するが、一八七三年（明治六）に職を辞して後は京都に居住していた。そもそも宗像神社は、江戸時代には花山院《かさんのいん》家の屋敷内にあった小祠で、公家屋敷の方は東京に移転したのに対し、神社のみ残されたのである。明治年間に編まれた『神社明細帳』（京都府庁資料）には延暦年中からの由緒を伝えるが、それは正徳元年（一七一一）刊行の『山城名勝志』の記述に基づく。『神社明細帳』には境内神社として御霊社以下六社が載るが、金刀比羅《ことひら》神社、少将井《しょうしょうい》神社、稲荷神社の三社は一八七七年（明治一〇）以降に当時の上京区内から移転してきている。このうち少将井神社は車屋町通竹屋町通下ルの少将井御旅《おたび》町から遷座されたものである。少将井御旅は祇園社の御旅所で、桃山時代の天正年間に四条通寺町へ御旅所が移転した後も、神社として祀られていた。宗像神社は、元は花山院家の屋敷内の小祠であるから氏子は花山院家であったと思われるが、『神社明細帳』には上京第二十一組の武衛陣《ぶえいじん》町・勘ヶ由小路《かげゆこうじ》町・大《だい》門《もん》町の三町があてられている。このように、明治初年以降、神社の祀り方は大きく変わっていて、その中の一つが社格制度であった。その社格と社名とを表示し、誇示するのが社格社号標（社号標）だといえる。宗像神社の現存のものは、基礎石に「石工芳村」とあり、芳村《よしむら》石材の建立である。芳村石材は白川石《しらかわいし》の産出する愛宕郡白川村出身の石工で、文政年間頃からの石造品が知られる。宗像神社では、一八八二年（明治一五）の灯籠が芳村石材の製品であり、社号標もそれに関連して受注されたものと思われる。

先に紹介した下御霊神社の社号標は、一八八四年（明治一七）一一月のものが現存する。銘文は「府社下御霊神社」と一行に書かれている。一八八一年（明治一四）六月、下御霊社の祠官出雲路興通は府社に列せられたことから、幅九寸四方、長さ二間の「社格社号之標柱」の建設を京都府に願い出ている。別紙図面には、鳥居前の右側に朱書きで位置が書かれている。現存のものは幅一尺四方、高さ約二間で、願書に基づいて製作されたものと考えられる。裏面には「従一位忠熙書」の銘文があり、近衛忠熙《このえただひろ》の書とわかる。

平安遷都千百年を記念して一八九五年（明治二八）三月に社殿が建立され、鎮座式の執行された平安神宮は、前年七月に「平安神宮」の正式名称と官幣大社の社格が決定していた。平安神宮の社号標の建てられたのは、御鎮座三十年記念にあたる一九二四年（大正一三）で、秋の紀念祭より前の四月一五日である。場所は応天門に向かって右手前、冷泉《れいぜい》通に面するところであった。その後、一九二八年（昭和三）に応天門通（神宮道）の疏水《そすい》の慶流《けいりゅう》橋近くに平安神宮の大鳥居が建立される。続いて、一九四〇年（昭和一五）の紀元二千六百年に合せて孝明天皇の合祀、境内の整備などが行われ、その時点で社号標が応天門通二条通の北東角に移された。平安神宮の敷地は、二条通りより始まっていて、境内の入口に移されたといえる。

当時の写真を見ると、応天門前の標識は壇上積式基壇の上に立つが、移転後は自然石を積み上げた基壇の上に立っていて、威厳が強調されている。なお、現在は「官幣大社」の文字が菊紋と橘紋の紋章により隠されている。

大阪府・兵庫県にある江戸時代の社号標

これまで社号標は近代になってから作られるようになったと述べてきたが、実は江戸時代に建てられたものもある。井上智勝《いのうえともかつ》氏の研究によると、旧摂津《せっつ》国の二〇社に同規格の社号標がある。その所在地は大阪府の大阪市住之江《すみのえ》区・住吉《すみよし》区・鶴見《つるみ》区、吹田《すいた》市、茨木《いばらき》市、箕面《みのお》市、池田《いけだ》市、豊能《とよの》郡能勢《のせ》町、兵庫県の尼崎《あまがさき》市、宝塚《たからづか》市、川西《かわにし》市、三田《さんだ》市、神戸《こうべ》市北区・灘《なだ》区、西宮《にしのみや》市と広域におよぶ。いずれも旧摂津国内である。その形態は、二段の台石に建つ山状角柱で、材質は花崗岩であるが、四社（野間《のま》、有馬《ありま》、高売布《たかめふ》、細川《ほそかわ》）については台石の全部もしくは一部に異なった石材を用いる。寸法はすべて同規格で、角柱の高さ九六・〇cm、幅二四・〇cm、中台石の高さ

神須牟地社の社号標

二四・〇cm、幅四二・〇cm、下台石の高さ四三・〇cm、幅六一・〇cmである。銘文は、正面に社号、右側面に所在地の村名、中台石の側面のいずれかに短冊型の彫り込み枠を入れ、「菅廣房建」の建立者銘を刻む。製作年はいずれも元文元年（一七三六）である。製作した石工は大阪西横堀《にしよこぼり》の石浜で、灘屋《なだや》太郎兵衛《たろべえ》および御影屋《みかげや》小兵衛《こへえ》によって担当されていた。

なお、大阪市住之江区の天水分豊浦命《あめのみくまりとようらのみこと》社と同市住吉区の多米《ため》社は一九〇七年（明治四〇）に近くの神社に合祀されていて、社号標も移転している。

社号の銘をみると、「天水分豊浦命社」「神須牟地《かみすむち》社」「多米社」などと「〇〇社」とするもの一七社、「新屋坐天照御魂《にいやにますあまてるみたま》社一座」と「〇〇社一座」とするもの三社である。銘文は社号の他に、「安立《あんりゅう》町」「寺岡村東」「放出《はなてん》村」などのように所在地の村名が刻まれている。建立者銘の「菅廣房建」は社号標の建立に出資した山口屋伊兵衛《やまぐちやいべえ》（本名が菅廣房《すがのひろふさ》）のことである。

社号標の位置は、合祀された二社を除くと、神社から見て本殿左前のもの三基、本殿左後ろのもの一基、拝殿左前のもの八基、拝殿右前のもの一基、拝殿右横のもの一基、鳥居左前のもの二基、参道左のもの一基、参道右のもの一基である。これより、境内入口付近の鳥居前より、拝殿前のものが多いといえる。

社号標の建つ二〇社については、近代初頭に村社に列せられたもの八社、郷社が一〇社、無格社が二社である。これは、社号標が官社格や府県社格の著名な神社ではなく、小規模な神社に建てられたことを意味する。そのことについては井上氏の考察に詳しいが、儒学者の並河誠所《なみかわせいしょ》（一六六八～一七三八）が『五畿内志《ごきないし》』の編纂過程で式内社を考証、比定し、式内社号とは違った社名で呼ばれていた村の氏神社に標石建立を提言したことによる。なお、これらの社号標のうち、大阪市の四基、吹田市の二基、川西市・宝塚市・尼崎市の各一基は市指定文化財となっている。

京都府にある江戸時代の社号標・寺号標

並河誠所は山城《やましろ》国紀伊《きい》郡横大路《よこおおじ》村（京都市伏見区）の出身であった。伊藤仁斎《いとうじんさい》の古義堂《こぎどう》で儒学を修め、遠江《とおとうみ》国掛川《かけがわ》藩、武蔵《むさし》国川越《かわごえ》藩などに仕えたあと、江戸を中心に在野の学者として活躍した。享保一九年（一七三四）に『五畿内志』の編纂を成し遂げた。その過程の享保一八年、山城国葛野《かどの》郡壬生《みぶ》村（京都市中京区）で式内社の「隼《はやぶさ》神社」の石碑を建てている。本島知辰《もとじまともたつ》（月堂《げつどう》）の雑録である『月堂見聞《けんもん》集』には、江戸より並河五一郎《ごいちろう》（誠所）が五畿内の古跡詮議《せんぎ》に上京のところ、壬生

梅宮神社の社号標

の野中にあった古き小祠に白川石で土台を造り、その上に碑石を建て、神社名を彫り込んで黒漆《くろうるし》を入れたとある。隼神社は『延喜式』の神名帳に左京四条の神社一座としてその名がみえるが、江戸時代には所在不明となっていた。天明《てんめい》七年（一七八七）に編まれた『拾《しゅう》遺《い》都名所図会《ずえ》』には壬生隼社の絵が載るが、田畑の中に杜《もり》があり、一間社流造《いっけんしゃながれづくり》の祠が描かれるのみで、社号標は見られない。本文には「世人隼をハヤクサと謬《あやま》り通称し、又謬り略して瘡神《かさがみ》ともいふ」としていて、「はやくさ社」と呼ばれていた。隼社は、一九二〇年（大正九）に梛《なぎ》ノ《の》宮《みや》神社の境内に移転し、旧社地には「隼神社旧蹟」と刻まれた石標が立つ。

前節において言及した一八八一年（明治一四）に京都舎密局で編綴された古写真帖の『撮影鑑』には、社号標の見られる写真が稲荷神社と梅宮神社の二枚あった。そのうち梅宮神社のものは楼《ろう》門《もん》前に現存していて、天保《てんぽう》一二年（一八四二）のものである。銘は次のとおり。

（正面）「梅宮日本第一　酒造之祖神　安産守護神」

（左側面）「願主　京都造酒屋中」

（背面）「天保十二辛丑歳五月吉日建之　発起　大橋伊兵衛　梅原文兵衛　北田徳兵衛　毛利卯右衛門」

（右側面）「宮本取次（以下、樹木にて判読不可）」

現在、梅宮神社は梅宮大社を名乗る。社号標は銘によると天保一二年（一八四一）五月に京都造酒屋中が願主となって建立したものである。石灯籠の頂部と同様の宝珠形である点、「酒造之祖神　安産守護神」という名所案内的な文字を付加している点に、時代性が現れている。

次に、寺院の前に建つ寺号標についても一例を述べる。寺号標も江戸時代半ば以降になって建てられ始めたものである。京都市下京区の不明門《あけずのもん》通松原通上ルにある平等寺《びょうどうじ》は、因幡《いなば》薬師の通称で知られる真言宗の町堂である。松原通の交差点には、「因幡薬師」と彫り込んだ屋根付きの寺号標が建つ。裏面には「嘉永元年戊申三月建之　万寿寺通　中之町中　同店中」とあり、嘉永元年（一八四八）の建立である。烏丸《からすま》通高辻通下ルの交差点には、「いなはやくし」と刻む寺号標がある。裏面には「弘化五申年二月　明治廿五年九月再建　薬師前町　ますや利助　高島屋儀兵衛　同新七」とあり、元は弘化《こうか》五年（一八四八）の建立で、不明門通松原通の寺号標と一月違いの設置であった。右側面の下部には「愛宕郡白川村　石工岡野伝三郎」と刻まれる。なお、因幡堂は元治《げんじ》元年（一八六四）の京都大火で全焼し、本堂は一八八六年（明治一九）に再建されている。

第四章　石鳥居

石鳥居

神社には本殿、拝殿、手水舎、社務所などの建物のほかに、社号標、鳥居、手水鉢、燈籠、狛犬などの建造物・工芸品が備わっていることが多い。このうち、古くからあるものが、本殿と鳥居である。例えば、平安時代末の嘉応《かおう》元年（一一六九）の年紀をもつ「神護寺《じんごじ》領備中《びっちゅう》国足守荘《あしもりのしょう》図」には「八満（幡）宮」のところに鳥居と社殿が描かれている。鎌倉時代後期の正和五年（一三一六）に作成された「和泉《いずみ》国日根野《ひねの》村絵図」には溝口大明神、大井関《おおいせき》大明神、八王子、丹生《にう》大明神などが描かれるが、そのどれもが鳥居と社殿、森とで表されている。本殿は、鏡や御神像、御札などの御神体を安置する場所として不可欠である。鳥居は、神社の入口を示すところとして、早くから建てられていた。神社を表す地図記号に鳥居型が用いられているのは、神社を象徴するものであったからといえよう。ただし、古くは木造であったため、朽損により建て替えられた。しかし、ある時期から石造に替えることにより、恒久的な建造物に変わっていった。全国的に見ると、室町時代以前の石鳥居が各地に残るが、その数はわずかである。江戸時代になるとその数は増えるが、それでも残っているものは少ない。

筆者は地元の神社巡りをしていて、氏神さんの石鳥居に江戸時代中期の銘を見つけ、周辺のものを調べていくうちにその年号が古いものであるとわかった。さらに旧八日市市西部の神社鳥居を見ると、江戸時代前期に遡るものがいくつもあることを知った。また旅行で香川県の満濃《まんのう》池に行ったときその傍らにある神野《かんの》神社の文明《ぶんめい》二年（一四七〇）の石鳥居を見たり、同県の直島《なおしま》に行ったときには八幡神社に県指定文化財の石鳥居を見たりして、古い石鳥居が各地にあることも知った。そのようなことから石鳥居も気になっていたため、二〇二一年に地元のものを調べ直して八日市郷土文化研究会の会誌『蒲生野《がもうの》』に紹介した。本章はそれを基にしている。

鳥居について

初めに、鳥居の構造、名称などを略記しておく。鳥居は、二本の柱、上部の横に渡す笠木《かさぎ》、上部より一段下に横に渡す貫《ぬき》の三部材からなるのが基本形である。さらに、笠の下に島木《しまぎ》が付くもの、島木と貫の中央部に額束《がくづか》の付くもの、柱の下部に亀腹《かめばら》や藁座《わらざ》、台石《だいいし》の付くものなどがある。さらにまた、柱の横に脚《あし》の付くもの、笠木の上に合掌《がっしょう》の付く特殊な形態のものもある。それらの組み合わせにより、神明《しんめい》鳥居、鹿島《かしま》鳥居、春日《かすが》鳥居、

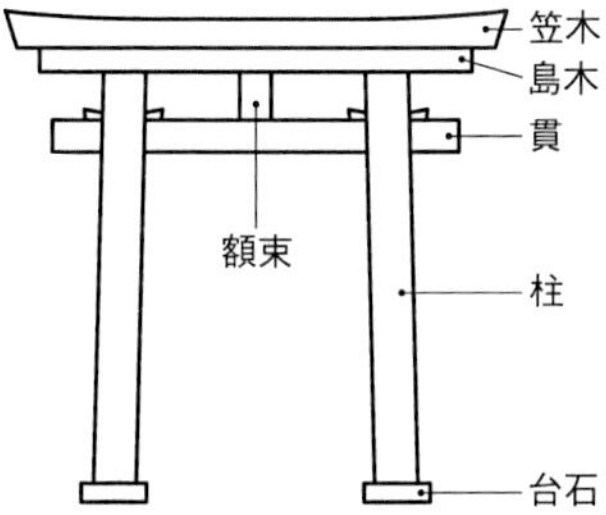

図９　鳥居の部分名称

八幡《はちまん》鳥居、明神《みょうじん》鳥居、合掌鳥居、四脚《よつあし》鳥居などの名称があるが、大きくは反《そ》りを持たない神明系鳥居と、反りのある明神系鳥居、その他の鳥居に区別される。鳥居については、西洋近代美術史を専門とする滋賀大学教授の谷田博幸《たにたひろゆき》氏が自著において、研究史を踏まえつつ鳥居の起源や形式変遷などに関して意欲的な論旨を展開していて、滋賀県内の鳥居についても数多く紹介している。

磐坂市辺押磐皇子墓の鳥居

鳥居は一般に神社に建てられるが、寺院に見られる場合もある。滋賀県内では、高島市安曇川《あどがわ》町田中の玉泉寺《ぎょくせんじ》の共同墓地入口にその例が見られる。他に御陵にもあり、東近江市市辺《いちのべ》町の磐坂市辺押磐皇子墓《いわさかのいちのべおしはのみこのはか》に見られる。一般的には着色されないが、稲荷社の鳥居などは朱色が塗られる。素材は木製、石製が大半で、中には金属製のものもあり、栗東市辻《つじ》の井口《いのくち》天《てん》神社には銅製の鳥居が見られる。銘文は、柱部に刻まれることが多く、古いものは前面に、新しいものは後面にあるものが多い。無銘のものも二割ほどあるが、石材の加工の仕方により新旧を判断できるものもある。

石鳥居の建立は、単独での事業である場合もあるが、境内整備の一環として行われることも多そうである。例えば、後述する東近江市上羽田町《かみはねだ》の羽田神社では、寛文《かんぶん》五年（一六六五）に拝殿が建て替えられていて、同じ年に鳥居も建立されていることから、一連の工事と思われる。また、野洲市永原《ながはら》の永原神社においても鳥居の建立の前々年に本社の修繕がされていたとされることから、関連が想定される。東近江市大塚《おおつか》町の八幡神社鳥居についても、本社前の石段が宝永三年（一七〇六）の整備で、石鳥居がその六年後であることから、一連の整備として位置付けることもできよう。

滋賀県の石鳥居

滋賀県教育委員会が一九九〇年（平成二）度に実施した石造建造物調査によれば、滋賀県内には江戸時代の石鳥居が九一基報告されたという。そのうち建立年代が享保《きょうほう》（一七一五～三六）頃までのもの一〇基、様式上この頃までのもの二基、県指定文化財の多賀大社一の鳥居の一三基について、第二次調査を行ったうえで報告書に掲載された。ここでは、主にそれに沿って江戸時代前半の石鳥居について紹介する。

一九六五年（昭和四〇）八月九日付けで滋賀県指定文化財になった多賀大社一の鳥居は、中山道から多賀社道が分岐する彦根市高宮《たかみや》町にある。総高八m余、貫下端の高さ五・三m、柱の根本の

旧志賀町北小松の樹下神社の鳥居

真々《しんしん》（中心どうしの長さ）が六・八ｍもある大型の鳥居である。元和《げんな》年間に焼失した社殿を再建した時期に鳥居も建造されたと考えられていて、古文書に「寛永一二年三月鳥居着工」とあるのがこの鳥居であるとされる。社号標のところで見た『近江名所図会』に掲載されていた鳥居はこれに当たる。なお、多賀大社境内の神門前の石鳥居は一九二九年（昭和四）の建立で、旧蒲生町石塔《いしどう》出身で北海道函館《はこだて》において大成した宮本武之助《みやもとたけのすけ》の寄進になるものである。宮本氏は、誕生時に多賀大社から名前の一字「武」をいただいたことの縁により報恩感謝の標として鳥居を献納したと伝わっている。

県内の石鳥居は大津市の旧志賀町や東近江市の旧八日市市に比較的に古いものがあるとし、それは石の産地に近いことと関係があると指摘される。旧志賀町木戸《きど》の樹下《じゅげ》神社石鳥居は、総高六・一ｍ、貫下端の高さ四・一ｍ、柱の根本の真々《しんしん》が四・七ｍの鳥居である。右柱に「延宝《えんぽう》八（一六八〇）三月二十六日」の刻銘がある。旧志賀町北小松《きたこまつ》の樹下神社石鳥居もほぼ同じ大きさの鳥居で、総高六・一ｍ、貫下端の高さ四・一ｍ、柱の根本の真々が四・七ｍである。柱に「寛延《かんえん》三（一六六三）十月二十四日」の刻銘がある。

湖西では、高島市の旧マキノ町の二基の鳥居が報告されている。海津天《かいづてん》神社の鳥居は、総高六・二m、貫下端の高さ四・二m、柱の根本の真々が四・九mの大きな鳥居である。左柱の背に「宝永《ほうえい》三年（一七〇六）□年三月吉日」の刻銘がある。旧マキノ町在原《ありはら》の日吉神社の鳥居は、総高三・二m、貫下端の高さ二・一m、柱の根本の真々が二・五mの小規模な鳥居である。無銘ではあるが、寸法比などから江戸時代中期、元禄《げんろく》年間（一六八八～一七〇四）頃のものと推測されている。貫の下端に紅梁《こうりょう》状の水繰《みずぐり》のあることが、他にない珍しいものと指摘されている。

湖南では、湖南市・甲賀市にいくつかある。岩根《いわね》の貴船《きぶね》神社石鳥居は、総高二・八m、貫下端の高さ二・〇m、柱の根本の真々が二・一mの小型鳥居である。柱に「正徳《しょうとく》元年□卯（一七一一）十一月吉日」の銘がある。笠木と島木を一石で造り出し、左右二部材で継いでいる。柱の根包石は不整形な円形である。菩提《ぼだい》寺の八王子神社石鳥居は柱が六角形であることが他に見られない特徴である。制作は室町時代ともいわれるが、はっきりしたことはわからない。信楽町柞原《ほそはら》の八阪《やさか》神社の石鳥居は、総高四・五m、貫下端の高さ二・八m、柱の根本の真々が四・〇mの中型鳥居である。笠木と島木を一石で造り出し、左右二部材で継いでいる。銘は島木の左右端部の両下面に「享保《きょうほう》十七歳（一七三二）」「丑《(壬)》子霜月吉日」と刻まれる。信楽町小川《おがわ》の天満宮鳥居は、総高三・三m、貫下端の高さ二・四m、柱の根本の真々が二・七mの小型鳥居である。左柱前面に「享保十一丙午年（一七二六）三月吉祥日」の刻銘がある。この石鳥居も笠木と島木を一石で造り出し、左右二部材で継ぐ形式である。信楽町多羅尾《たらお》の里宮神社の石鳥居は、右柱前面に「元禄八（一六九五）亥年八月吉祥日」、左柱前面に「奉寄附里宮西社天王」の刻銘がある。

観音寺舜興による石鳥居の建立

江戸時代前期、栗太郡・野洲郡・蒲生郡の天領（幕府領）の代官および琵琶湖の船奉行を任じられていた栗太《くりた》郡芦浦《あしうら》村（草津市）の観音寺《かんのんじ》（芦浦観音寺）の第一一世舜興《しゅんこう》は、明暦二年（一六五六）に四基の石鳥居を建立している。このことを明らかにした滋賀県文化財保護課の田井中洋介《たいなかようすけ》氏の研究を基に紹介する。

舜興は、寛永《かんえい》一一年（一六三四）四月に第一〇世朝賢《ちょうけん》が入寂《にゅうじゃく》した後を受けて大津の正教坊《しょうきょうぼう》から芦浦観音寺に遷り、寛文二年（一六六二）に芦浦にて七〇歳で亡くなったという。正保《しょうほう》二年（一六四五）には京都の五条橋の作事奉行を任じられ、万治《まんじ》二年（一六五九）には京都白川の照高《しょうこう》院《いん》の寺堂建立奉行を命じられたという。現在も、五条大橋には「芦浦観音寺舜興」の銘の刻まれ

信楽町多羅尾の里宮神社の鳥居

る擬宝珠《ぎぼし》が残っている。

芦浦の若宮《わかみや》神社石鳥居は、神社の東側入口に建ち、総高約四・三m、柱の径三五cmで、右柱に「明暦《めいれき》貳丙申季」、左柱に「四月吉日　観音寺舜興／西河光春／奉行□□久左右衛□／石屋　洛陽□左兵□」の刻銘がある。西河光春《にしかわみつはる》は舜興の兄にあたる人物で、奉行は河端《かわばた》久《きゅう》左衛門《ざえもん》の可能性が高いとされる。

芦浦若宮神社の鳥居

野洲市永原《ながはら》の菅原《すがわら》神社の参道に建つ石鳥居は、総高約五・六m、柱の径四九cmで、柱は上下二つの別材で作られている。右柱に「明暦二丙申歳四月吉日」、左柱に「建立芦浦観音寺舜興」の刻銘がある。なお、承応《じょうおう》三年（一六五四）三月に観音寺舜興の寄附により本社が修繕されたとされていて、それと関係すると考えられる。
野洲市上屋《かみや》の篠原《しのはら》神社の参道に立つ石鳥居は、総高約四・八m、柱の径四三cmで、右柱に「明暦二丙申年四月吉日」、左柱に「建立芦浦観音寺舜興」の刻銘がある。
野洲市冨波乙《とばおつ》の生和《いくわ》神社に立つ石鳥居は、総高約五・三m、柱の径五〇cmで、右柱に「明暦二丙申歳五月吉日」、左柱に「芦浦観音寺舜興／永原井狩十助宗利」の刻銘がある。他の鳥居が四月の建立に対してこの鳥居は五月のものである。なお、永原井狩《いかり》十助宗利《むねとし》は代官として当地の支配に当たっていた人物と考えられている。

田井中氏の研究によると、明暦二年（一六五六）建立の鳥居は県内では在銘最古の鳥居であり、同一人物による四基の建立も他に見られないものであるとする。この一連の鳥居は石造文化財として貴重であるとともに、地域の歴史を語る上でも大事なものであるといえよう。

東近江市南西部付近の江戸時代の石鳥居

近江八幡市馬淵《まぶち》町岩倉の諏訪《すわ》神社の入口にある石鳥居には、「正一位《しょういちい》諏訪大明神」の木額が掛かる。貫下端の高さ約三・三m、柱の根本の真々が約三mの中型鳥居である。柱は左右各一材からなり、柱の下部には各一石からなる円形に繰り抜いて柱を受ける、脛巾《はばき》のような包み石が付く、極めて珍しい形態である。笠木は三材、島木は二材からなり、額束が付く。柱と柱の間の貫石は直線状ではなく、上下ともに二段の繰り型を施す特異な形状である。島木は反りがあり、先端は水切り（垂直）になっている。銘文は、右柱の前面に方形の窪みを入れ、「延宝三□　十一月吉日」と二行に陰刻されていて、延宝《えんぽう》三年（一六七五）の建立である。岩倉は石材の産地、石工の居住地

岩倉諏訪神社の鳥居

として知られているところであり、特徴ある石鳥居の存在もうなずける。

近江八幡市東横関《ひがしよこぜき》の春日《かすが》神社の参道にある石鳥居には、「正一位春日大明神」の木額が掛かる。貫下端の高さ二・八m、柱の根本の真々が三・一mの中型鳥居である。銘文は、右柱の前面に方形の窪みを入れ、「貞享元／甲子／年二月　日　東横関村」と一行に陰刻されていて、貞享《じょうきょう》元年（一六八四）二月の建立である。

東近江市上平木《かみひらぎ》町の日吉神社の石段を上がるところに三の鳥居がある。損傷がひどかったため、二〇一八年（平成三〇）に全体にわたって修理・補強されている。柱は左右ともに中央部に補強の金属板が巻いてあるが、各二材からなっていると思われる。柱の下部には四角形の台石が新たに作られ、島木は新しい部材になり、笠木にも補強の金属板が付けられるなど各所に補修の跡が認められる。柱の直径は四五㎝、柱間（下端の真々間）の幅は三・九m、貫下高は約四・一五mである。銘文は、右柱の前面に「三／癸卯／年三月吉日」と陰刻されていて、金属板に文字が隠れているが、『近江蒲生郡志』の記載や干支により寛文三年（一六六三）のものと判断できる。

同社の最初の石段を上がったところに四の鳥居がある。柱は左右ともに各二材からなっているが、下部材が長く、上部材が短い。柱頭の上端では島木が少し食い込む形に加工されている。島木の反り・増しは見られず、先端は水切りになっている。柱の直径は四五cm、柱間（下端の真々間）の幅は三・九m、貫下高は約三・二mである。銘文は、右柱の前面に「元禄十六／癸未／暦八月日」と陰刻されていて、元禄一六年（一七〇三）のものである。

東近江市上羽田《かみはねだ》町の羽田神社にある鳥居は、左右の柱は各二材からなる。左柱の下部には不整形の石が見える。柱頭の上端で島木が少し食い込む形に加工されている。島木には反りがあり、先端は水切りになっている。柱の直径は五二cm、柱間（下端の真々間）の幅は三・八m、貫下高は約三・三mである。銘文は、右柱の前面に「寛文五乙巳二月十六日」と陰刻されていて、寛文五年（一六六五）のものである。上羽田は江戸時代に仙台伊達《だて》藩領で、村内に陣屋が置かれていた。記録によると、寛文五年二月十六日に伊達陸奥守綱村《むつのかみつなむら》が石鳥居を寄附し、臣長倉逸平《ながくらいっぺい》が神号額を書したとされる。この年には拝殿が建て替えられていて、鳥居の建立もそれと関連すると思われる。

中羽田《なかはねだ》町の八幡神社の入口の鳥居は、山の斜面の参道上に建つ。柱は、左右各二材（二本継ぎ）からなり、下部は埋め込み式である。柱頭の上端で島木が少し食い込む形に加工されている。島木は増しがあり、先端は襷《たすき》落しになる。柱の直径は五〇cm、柱間（下端の真々間）の幅は三・七m、貫下高は約三・四mである。銘文は、右柱の前面に四角形に掘り窪めた面に「享保元丙申暦八月十九日」と陰刻されていて、享保元年（一七一六）のものである。中羽田は旗本石河《いしこ》氏の領地で、棟札之写《むなふだのうつし》によると、鳥居は享保元年に奥田《おくだ》元水元義、奥田久右衛門元長により建てられ、鳥居額は享保十六年に奥田久右衛門元長、奥田三郎七郎元珍により掛けられたとする。

東近江市大塚《おおつか》町の八幡神社石鳥居は、柱の直径は約三〇cm、柱間（下端の真々間）の幅は二・七m、貫下高は約二・三mの中型鳥居である。柱は左右各一材で、下部は埋め込み式で、台石等は見られない。笠木は三材、島木は二材からなり、額束が付く。島木には反りがあり、先端は水切りになっている。銘文は、右柱の前面に「正徳二／壬辰／歳三月吉日」と陰刻されている。正徳二年（一七一二）、春の大祭時の建立と思われる。

大塚八幡神社の鳥居

蒲生郡竜王《りゅうおう》町山之上《やまのうえ》の杉之木《すぎのき》神社の参道にある鳥居は柱の直径は四五cm、柱間（下端の真々間）の幅は三・四五m、貫下高は推定で約三・四五mの、大型の鳥居である。柱は左右各一材からなり、下部には不整形の台石が付く。島木の反り・増しは見られず、先端は水切りになっている。右柱の前面に「正徳二／壬辰／歳二月日」と陰刻されていて、正徳二年（一七一二）の建立である。

地震・台風で倒壊した石鳥居

東近江市大森《おおもり》町の大森神社の入口の鳥居は、柱の直径は約四二cm、柱間（下端の真々間）の幅は三・九m、貫下高は推定で約三・七五mの大型鳥居である。柱は、左右各一材からなるが、現状では左右ともに中央付近で割れていて、二柱継ぎのように見える。柱の下部は、不整形の石の上に、二石からなる四角形の台石が付く。銘文は、右柱の前面に「最上侍従兼□□（駿河か）守源朝臣義智」、後面に「往／延宝七己未年建之」、左柱の前面に「同九世之孫　源朝臣義実代」、後面に「文政五年再建之」と陰刻されている。延宝七年（一六七九）建立のものが文政二年（一八一九）六月の地震（文政近江地震）により転倒して破損したため、文政五年に再建したものという。大森は旗本の最上《もがみ》氏の陣屋のあった地で、この石鳥居も同氏に関係するものである。なお、嘉永七年（一八五四）

大森神社の鳥居

六月の伊賀上野《いがうえの》地震（安政伊賀地震）でも十禅師《じゅうぜんじ》社（現大森神社）の石鳥居が倒れて折れたとの記録がある。

蒲生郡日野町三十坪《みそつ》の八千鉾《やちほこ》神社は、三十坪（下《しも》三十坪、上《かみ》三十坪）と増田《ました》の氏神で、近世には鉢《はち》（八）森社と呼ばれた。この鳥居は三十坪側入口にあり、柱の直径は四〇㎝、柱間（下端の真々間）の幅は三・五五ｍ、貫下高は推定で約二・八ｍの大型鳥居である。柱は、左右各一材からなる。柱の下部は未整形の四角形の台石が付く。銘文は、右柱の前面に「安政六己未年十一月吉祥日」、左柱の前面に「出雲守源永倫八世之孫　渡辺孫助源永年再立」とあり、右柱の後面に「渡辺孫助家臣　森村勝治郎源正□（徳か）」とある。三十坪は、旗本渡辺氏の領地であり、鳥居の建立には領主が関わっている。安政六年（一八五九）の再立とあることから建て直したものであり、大森神社石鳥居の例から考えると地震等の倒壊が想定される。この六年前、嘉永七年（一八五四）六月に伊賀上野地震（安政伊賀地震）で、日野では瀧《たき》の宮《みや》（瀧之宮神社）の鳥居が折れたと記録されていて、八千鉾神社の鳥居についても安政伊賀地震との関係が推測される。

蒲生郡竜王町岡屋《おかや》の勝手《かって》神社入口にある鳥居は、柱の直径は五四㎝、柱間（下端の真々間）の幅は四・七ｍ、貫下高は推定で約四・〇五ｍである。柱は、左右各一材からなる。柱の下部には前後二石からなる四角形の台石が付く。銘文は、各柱の前後面にあり、右柱の前面に「奉献」、左柱の前面に「石華表」、左柱の裏面に「文化五／戊辰／季秋八月己酉」、右柱の裏面に「再建南若中」

と陰刻されていて、文化五年（一八〇八）の再建である。「華表」とは鳥居を意味する語である。享和《きょうわ》元年（一八〇二）一〇月の地震では、日野の南山王《みなみさんのう》（日野町大窪《おおくぼ》、日枝《ひえ》神社）の鳥居が倒れるという記録があり、その地震と関係するかもしれない。なお、南山王社の鳥居は安永《あんえい》三年（一七七四）に初代中井源左衛門《なかいげんざえもん》の寄進したものであったが、地震により倒壊したため安政二年（一八五五）に孫の中井源左衛門光茂が再建したものとされる。

東近江市柴原南《しばはらみなみ》町の玉緒《たまお》神社には文化一一年（一八一四）二月に三ヶ村氏子中により建立された石鳥居があったが、二〇一八年（平成三〇）九月の台風により倒壊し、翌年二月に新しいものが再建されている。このように、地震だけでなく、台風により倒壊した鳥居が過去にもあったことと思われる。

柱の下部だけの石鳥居

東近江市蒲生岡本《がもうおかもと》町の梵釈寺《ぼんしゃくじ》入口、鐘楼門《しょうろうもん》の南側、天満宮と金比羅宮の入口に、鳥居の柱の下部のみが左と右に残置されている。形態は円柱状で、先端部のみ半円柱になっていて、柱の径は二四cm、現高は七五cmである。右柱に「安政三丙辰三月」、左柱に「若連中」と陰刻され、安政三年（一八五六）のものである。おそらく、この基礎の上に木製の鳥居が立っていたと思われる。

梵釈寺の鳥居（柱下部）

小谷竹田神社の鳥居

小谷竹田神社の鳥居（柱下部）

近隣では、蒲生郡日野町小谷《こだに》の竹田《たけだ》神社に同じ形式の鳥居がある。石と木が噛《か》み合う部分には左右三ヶ所に鉄製の帯があり、それにより木製部分が固定されている。木造鳥居の柱部には、「天保十五歳次甲辰（一八四四）八月吉日」「世話方若者中」の刻銘があり、下部の石の部分も同等に古いものと考えられる。

東近江市永源寺《えいげんじ》高野《たかの》町の高野神社の入口にある朱塗りの木造四脚鳥居も下部のみ石製である。ここのものは円柱状で、四脚をつなぐ下の貫板を石部の枘穴に通すことにより、鳥居を安定させる仕組みになっている。石の左柱内側には「□者□官吉田桃源院元長法印」、右柱内側には「安永三甲午歳（一七七四）四月日」の銘があり、このような工夫が二五〇年前にすでにあったことを示している。

大宝神社石鳥居再建絵図

栗東市綣《へそ》にある大宝《だいほう》神社には、「延宝六年石鳥居再建之絵図写」という古文書が伝わる。その絵図には、鳥居前での建築に際しての儀式の様子、加工した石材を木車の付いた台車に乗せて何人もの人が曳《ひ》く姿を、横長の紙面に描いている。附箋《ふせん》には、延宝六年（一六七八）正月に野洲郡桜生《さくらばさま》村（野洲市）にて石切りをし、一〇月に大宝神社まで石を曳いて、一一月に組み立てたこと

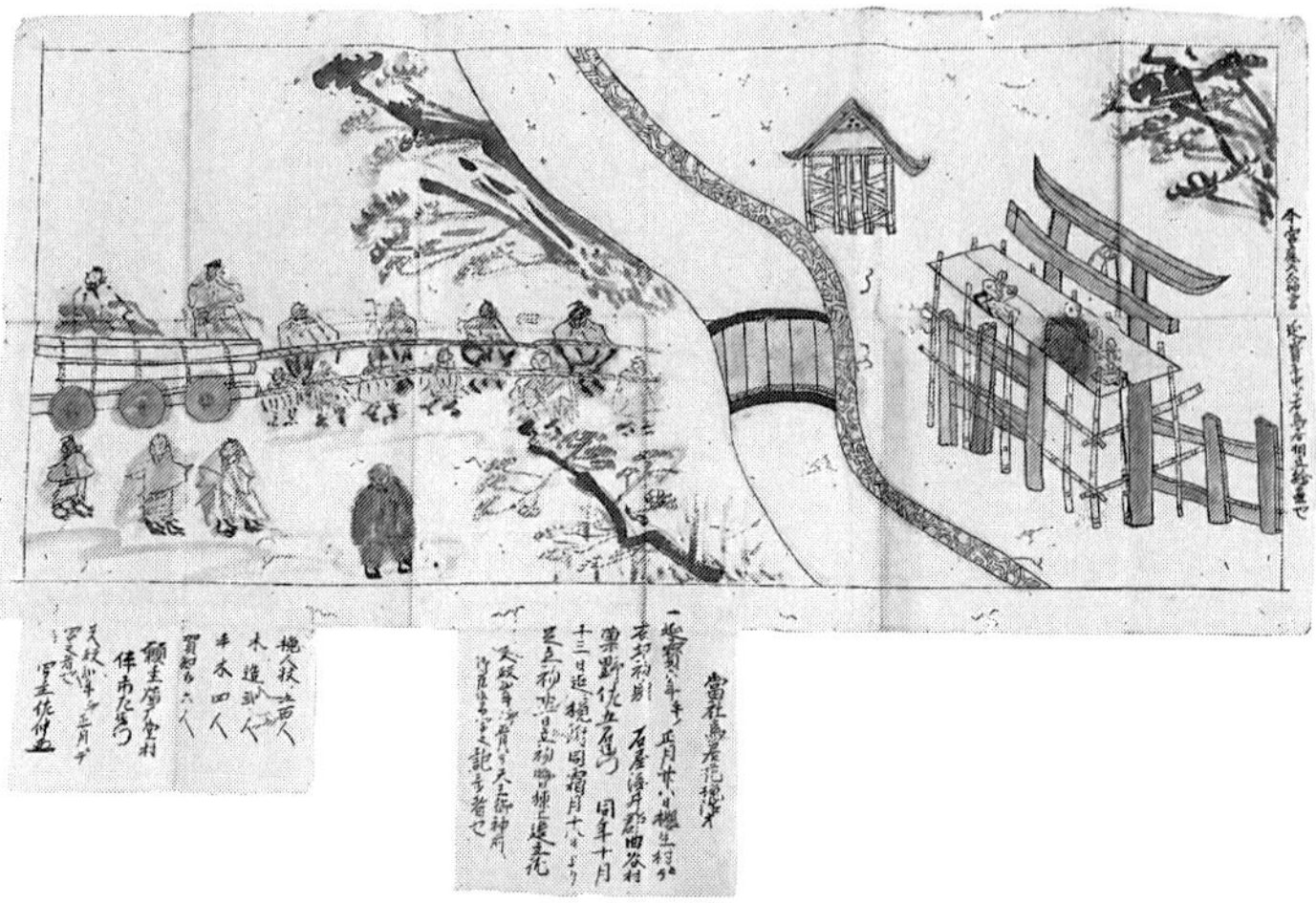

「延宝六年石鳥居再建之絵図写」（大宝神社蔵）

が注記されている。願主は焔《えん》魔《ま》堂《どう》村（守山市）の伴市左衛門、石屋は浅井郡曲谷《まがたに》村（米原市）の菓野佐五右衛門とあり、石挽人は五百人なども記される。石鳥居の建立の様子を描く江戸時代の絵図として珍しいものである。なお、この資料については田井中氏による考察があり、曲谷村の菓野佐五右衛門は「菓野」ではなく「草野」ではないかとされている。

同社の別の文書（延宝六年六月十六日付け「鳥居再建石材ニ付乍恐御訴訟申上候」）には、この前の寅年の大地震で鳥居の柱が折れたので、五〇余郷の氏子が奉加し、野洲郡桜生村の山で石を入手して鳥居ができたので、一日も早く石を引き取りたい旨、社家と村々の庄屋中が領主の芦浦観音寺の奉行所に申し出ている。この前の寅年とは、寛文二年（一六六二）五月一日に起きた湖西地域を震源とする近江・若狭地震を指すと考えられている。この文書には曲谷石工の名前は出てこないが、曲谷は粉を挽く石臼《いしうす》作りの里として知られているところで、江戸時代に石灯籠などを作った事例も田井中氏により報告されている。

中山道に面する大宝神社の入口には、現在も大きな石鳥居が立っている。無銘ではあるが、その石材の加工具合、柱の下部の据え付け方などから、江戸時代の石鳥居であることは確実で、文書に記される延宝年間まで遡るものかもしれない。

第五章　石碑

蒲生町北部土地改良区事業完結記念碑

池内順一郎《いけうちじゅんいちろう》さんは石造遺品の調査の傍ら、いろいろなものを調べておられた。その一つが石碑（いしぶみ）で、『蒲生町のいしぶみ』としてまとめられていた。居住地の石塔《いしどう》地区にある極楽《ごくらく》寺《じ》の前田夕暮《まえだゆうぐれ》歌碑、石塔寺の伊藤良輔《いとうりょうすけ》碑文、虚白《きょはく》句碑、作者不明句碑、石段寄附者名、大同《だいどう》川沿いに建っていた木村武兵衛《きむらぶへえ》句碑をはじめ、下麻生《しもあそう》区の山部《やまべ》神社にある万葉歌碑、赤人《あかひと》廟碑、蒲生寺区の得照寺《とくしょうじ》にある碑文、綺田《かばた》区の源通寺《げんつうじ》にある遺状、桜川西《さくらがわにし》区の敬円寺《けいえんじ》にある外池義治翁《とのいけよしはるおう》墓碑文、川合《かわい》区の願成寺《がんじょうじ》にある仏足石《ぶっそくせき》、木村区の顕《けん》宗《そう》塚碑などで、それぞれ碑文を掲出し、解説を付された。あとがきによると、本山桂川《もとやまけいせん》著『いしぶみ日本史』を読んでいしぶみに関心を持ち、それで取り組んだとある。この方面の先駆的な業績といえる。

蒲生町北部土地改良区事業完結記念碑

石碑は興味深い資料ではあるが、碑文は単独で存在し、文字の判読の難しいものも多く、設置の背景がわからないと充分に意味のとれない難しい資料でもある。

蒲生町の神社巡りをして町内を回っていると、池内さんの本に未収録の碑、刊行後に建てられた碑をいくつか見つけた。その一つが、木村《きむら》町にある蒲生町北部土地改良区事業完結記念碑である。木村から横山《よこやま》に向かう道路沿い、白鳥《しらとり》川に架かる高岸橋の北東側に位置し、石垣の基壇上に台石を置き、その上に高さ一九〇cm、幅九四cmの粘板岩《ねんばんがん》の縦長の石碑を建てている。正面には縦長に大きな字で「田園稲花香」、左端に「農林大臣赤城宗徳書」とある。裏面は、縦一〇六cm、横八〇cmを彫り窪めて、土地改良の経過を述べたあと、事業概要を表形式で説明している。

本土地改良区は木村及び横山両地区で設立する　昭和三十年名神高速道路の地区内通過の発表に反対運動を起こして三年有余　遂に諾否決断に直面し将来のため土地改良事業を計画する

主眼は高速道路建設に対処し激減する耕地の補充増反に溜池山林の開田と道水路の保全改修を織り込んだ区画整備　更らに用水源の完備をなし農業の近代化を築くことである　昭和三十四年起工　受益者一丸となり工事に参加し達成に貢献　かくして四年の歳月と幾多の費用を投資して竣工する　茲に起債完済成り事業完結を記念してこの碑を建立する

昭和五十三年三月吉日　蒲生町北部土地改良区

事業の概要

地区	木村	横山
水源施設	さく泉三か所	さく泉二か所火打溜
幹線水路	大川八八二米	羽田川四三五米
整備面積	四四〇反	四九二反
用水路	八、四八一米	八、五五二米
排水路	五、二六一米	七、一五六米
道路	八、一三四米	八、八一五米
事業費	二、九四四万円	三、三一六万円

（「事業の概要」以下は、横書きで罫線なしの表組の書き方）

我が国の本格的な自動車専用道路の始まりである名神高速道路の建設は、耕地を避けてできる限り山間部を通るように計画されたが、蒲生地区の木村・横山区では優良農地をつぶすことになり、他地区と同様に反対運動が起きた。その後、ケンサイ塚古墳等を発掘後に農地にすることなどの対策が講じられ、農地の区画整備、用水の確保なども実施されて、高速道路の建設は計画どおりに進められた。当時、日本ではまだ主食のコメが不足していて、耕地の減少は農家の生活にも大きな影響のある出来事であった。当時の土地改良事業では、耕地の大きさも一〇アール（一反《たん》）が基本であった。「田園稲花香」という五字熟語の出典は不明であるが、水田や稲作に対する敬意や愛着が感じられる。揮毫者の赤城宗徳《あかぎむねのり》（一九〇四～一九九三）は茨城県出身の衆議院議員で、一九六三年（昭和三八）七月から一九六五年六月の池田勇人《いけだはやと》内閣、佐藤栄作《さとうえいさく》内閣の時代に農林大臣を務めた人である。

鋳物師の「新修小比売神祠記」碑

「新修小比売神祠記」碑

蒲生地区の鋳物師《いものし》町の番場には「新修小比売神祠記」と刻む、幅一三〇cm、高さ一〇五cmの横長の大きな石碑がある。文政《ぶんせい》元年（一八一八）に碑文が作られ、一二年後の文政一三年（一八三〇）に村中により建てられたものである。竹田神社に鎮座する小比売《こひめ》社（小姫社。祭神は稚日女尊《わかひるめのみこと》）は中古以来その神像を失っていたが、宝暦年間（一七五一～六四）に村民の勘右衛門《かんえもん》の妻がある夜に神の再帰の夢を見て、翌日川上にて像を拾って家に祀った。弟の僧である珉山《みんざん》がその像を黒河《くろかわ》村に持ち出したところそこでは神助の誠を多く得たという。文化《ぶんか》四年（一八〇七）、村民たちは珉山に神像を村の涌泉寺《ゆうせんじ》に遷すことを乞うたところ、寺僧の祐谷《ゆうこく》のところでも奇瑞が多く現われた。そこで村民の同志が叢《くさむら》を開いて祠を造り、像を遷そうとしたところ、龕中《がんちゅう》に別の小像が現れた。そのため新たな小像を涌泉寺に置き、本像を新祠に遷したと、その経緯が述べられている。このように竹田神社にあった小比売社の神像に関する由来と不可思議な出来事を記すとともに福寿を願っていて、江戸時代にこの地に暮らした人々の生活と信仰の一端を物語る碑文といえる。

新修小比売神祠記

小比売社者原鎮坐近江国蒲生郡鋳物師村竹田神社之行祠、其傍有流水因唱小姫川、蓋其所祭神為稚日女尊、中古以来失其神像者久矣、祠亦従廃、宝暦間村民勘右衛門妻一夜夢神之再帰、明日乃拾像於川上以祭於其家、家有弟為僧称珉山、一旦竊提像去抵黒河村禱祠焉、従是得神助誠多云、文化丁卯二月村民相謀乞像於珉山遷村中涌泉寺、寺僧祐谷

尊崇之奇瑞亦多、今茲村民同志戮力開
旧叢造祠将以遷像、龕中忞見別現一小
像嗟可謂奇矣、因将小像置涌泉寺本像
遷於新祠、乃記歳月繫之以銘々曰
琶湖之東　小姫川傍
帷神所鎮　禋長永昌　和気清平敬誌
何賜予之　福寿無彊　篁簽串行書丹
文政戊寅八月
（裏面）
文政庚寅三月
当村中建之　　　佐嘉月石作

山部神社の「赤人廟碑」

「赤人廟碑」
蒲生地区の石碑の中で興味深いものの一つが、下麻生町の山部神社の境内に立つ、万葉の歌人山部赤人《やまべのあかひと》に関する「赤人廟碑」である。山部神社は山辺赤人を祭神とし、東隣りにある赤人寺は山部赤人の創建にして終焉の地だと伝える。本尊の観音菩薩は赤人が夢想のお告げにより田子浦《たごのうら》（駿河国、静岡県）より迎えて安置したといい、また赤人の自作ともいう。両社寺とも山部赤人との強い関係を謳っているが、それは「赤人廟碑」と大きな関係がある。その碑文は池内氏の『蒲生町のいしぶみ』でも取り上げられ、解読も行われているが、若干の誤字も見られることから改めて取り上げることとする。

碑文は玉垣に囲まれて建っている。一m四方の台座石の上に、高さ約一四五cm、横幅約五五cm、奥行約三三cmの直方体の石の正面に碑文がある。上方に右始りの横書き（一字一行の縦書き）で「赤人廟碑」の題文を刻み、その下に一六行、五八四字の解説文と月日、撰者、石工等三一字を付す。裏面には建立の経緯を補足する文章（八〇文字＋一二文字）がある。それによると、慶応《けいおう》元年（一八六五）九月に下麻生の領主である旗本の関盛章《せきもりあき》（盛幸）により文章が作られ、明治元年（一八六八）一二月に関盛令《もりのり》により建てられた。なお、関盛章（盛幸）は慶応元年一〇月に死去し、同年に盛徳《もりのり》が相続し、明治元年には関盛令が家督を継いでいる。なお石

赤人廟碑

工の今井重宜《いまいしげたか》の名前は京都の北野天満宮に嘉永六年（一八五三）に建てられた仏頂尊勝陀羅尼《ぶっちょうそんしょうだらに》碑にもその名を刻していたといい、京都の石工の可能性がある。碑文の釈文は次のとおりである。

（題、横書き）

赤人廟碑

（本文、縦書き）

山部赤人與柹本人麿並称久矣、而人麿廟食千年赫奕於世赤人則寥寥無聞豈非缺典乎、近江國蒲生郡麻生村小松祠者赤人廟也、廟側有寺曰養老山赤人寺、養老中赤人所創建寺有赤人墓、墓傍有一老櫻樹曰赤人櫻、文保二年山部種生者造七層石浮圖薦其冥福、文明八年本郡鈴村土官鈴村帯刀者施捨田園数所以供其香火、厥後享保中

霊元上皇詔侍臣藤原重季撿討小松祠并赤人寺縁故、里人恐其煩擾不以實聞事遂寝赤人生卒履歴

郷貫考諸古書皆無載、案日本書紀

顕宗天皇賜前播磨國司伊豫来目部小楯姓山部連實為山部氏之鼻祖、

帝又以近江狭狭城山君唐帒隷之、又郡之鎮神大嵩社傳記云所祀神為天穂日命、

欽明天皇六年神憑蒲生稲置三麿山部連羽咋新造祠宇、今其支祠猶有蒲生稲置三麿山部連羽咋等祠、則當時山部氏之族住于此地可知矣、赤人盖其一人而生死於此土後世欽其徳建祠宗祀焉者

無可疑也、其或山部作山邉者非是如山邉之別山邉公山邉真人等散見於古書、其系㒸別不可得
混其他如上総山邉郡赤人祠伊勢鈴鹿郡山邉邑赤人舎大和宇多郡山邉村赤人冢之類、概後人附
會地名作無稽之説者皆不可信也、今年余適祗役浪華京師歌人渡忠秋亦客于浪華一日来余客舎
談及此事、以余之奉邑在此地勸余亟建碑白於世且出勘文一巻示余、余雖世領此地而未詳其状
及讀忠秋勘文有深感於心乃録一本蔵之赤人寺又摘其要刻諸石以樹廟前、他日　朝廷或垂採
訪加山部宿祢赤人諡號品秩准柹本朝臣人麿例本廟祀典一如石見國高角山播磨國明石浦廟、則
豈唯神祠之光華抑亦　國家之盛事也、
慶應紀元乙丑秋九月　従五位下守越前守平朝臣盛章撰　石工今井重宜刻字

（裏面）

右赤人廟碑先人在世之日與渡忠秋謀撰之文刻
之石事未及竣、而捐館焉余嗣家之初塵務坌集遷
延未果今也、　皇政一新百廢俱興而此碑亦適
落成竊喜先志之弗墜慶古迹之復著因附一言於
其背、
明治紀元戊辰臘月　　關盛令識

碑文のうち、五行目、七行目、八行目、九行目の四行は改行の上で他行より頭一字分上げて記述する擡頭《たいとう》と呼ばれる書き方が使われ、一五行目、一六行目には二字分の空白を取って敬意を表す闕字《けつじ》も用いられていて、丁寧な文体であることがわかる。文意は次のとおりである。

山部赤人は柿本人麿と並び称されるが、人麿は神として祀られて赫奕《かくえき》(光り輝くさま)としているのに赤人については聞くこともない。近江国蒲生郡麻生村の小松祠は赤人廟である。養老山赤人寺は養老年中に赤人が創建したところで赤人墓があり、その傍の老桜樹を赤人桜と呼ぶ。文保《ぶんぽう》二年(一三一八)に山部種生は七層石塔を造って冥福を薦め、文明《ぶんめい》八年(一四七六)に鈴村帯刀《すずむらたてわき》は田園を施入して香火に供した。享保《きょうほう》年中(一七一六〜三六)に霊元《れいげん》上皇が侍臣の藤原重季《ふじわらしげすえ》に小松祠と赤人寺の縁故を調べさせたが、里人から聞くことも古書を探し出すこともできなかった。日本書紀には顕宗《けんぞう》天皇が前播磨《はりま》国司の伊予《いよの》来目部《くめべの》小楯《おだて》を山部連《やまべのむらじ》としたのが山部氏の始まりである。欽明天皇の時には蒲生稲置《がもうのいなぎ》三麿《みまろ》や山部連羽咋《はくい》が新たに祠を造り、それがなお残っていて、この地域に住んだとされる赤人だけが一人この地で生まれて死んだのではない。山部あるいは山辺は古書には公・真人などいろいろな表記が見え、上総《かずさ》山辺《やまべ》郡(千葉県)の赤人祠、伊勢鈴鹿郡の赤人舎、大和宇《う》多(陀《だ》)郡の赤人塚などは後世の人が地名に付会した無稽のもので信に値しない。今年たまたま仕事で浪華《なにわ》に赴いたところ京師の歌人である渡《わたり》忠秋《ただあき》が余の客舎に来てこのことを話し、余の封村がこの地にあることから建碑を勧めて意見書一巻を示してきた。余はそのことに深く感心し、一本を赤人寺に蔵し、その要を石に刻んで廟前に立てることにした。

山部神社と赤人寺

近世の近江の代表的な地誌である『近江輿《よ》地志略』(享保一九年[一七三四])の麻生村の項では、赤人寺《しゃくにんじ》について次のように記している。

[赤人寺] 麻生村にあり。養老山赤人寺と号す。今は土俗事むつかしとて唯下の堂とのみ号せり。本尊観世音は山部赤人の作也。土俗云ふ此地山部赤人出生の地なりといふ。臣按ずるに【作者部類】に曰く山部赤人は聖武天皇の御代上総国山辺郡出生の人也。養老神亀両代の臣下なり云々。【姓氏録】曰、山部宿禰赤人垂仁天皇の後也。正六位上山部大老人云々。【百人一首深秘抄】曰く大和国忍常歳といふ所あり。赤人は彼山の麓、山辺といふ所の人也。和歌を詠ずるによって召出さる。歌道の事御尋ありければ「和歌の浦の潮の満干のみをづくし深き浅きは君や白波」云々と。是等を以て見れば此地の出立にあらざること明也。蓋赤人人丸の事は深秘の伝あり。

すでに赤人伝説は存在するが、編者である膳所《ぜぜ》藩の儒者寒川辰清《さむかわたつきよ》はこれを否定している。

明治元年(一八六八)の「赤人廟碑」建碑ののち、一八七六年(明治九)に小松《こまつ》大明神から山部神社に改称された。一八七九年(明治一二)には赤人の「春野のすみれ摘《つ》みにとこし我は野をなつか

赤人寺

しみ一夜寝にける」(万葉集巻八、一四二四)の歌碑が渡忠秋によって建てられた。翌年には太政大臣三条実美《さんじょうさねとみ》の揮毫になる鳥居額が掲げられ、一八八四年(明治一七)には社前で「花色春久」を題とした歌会が行われている。

この歌会では関盛徳が会主となっていた。その広告文によると、久しく枯れ果てていた赤人桜を植え継ぎ、花の盛りの四月一六日に臨時の祭典を執行し、楽を奏し、神饌を供し、詠歌を神前に奉らんとすると書かれている。境内を描く縮図には、赤人碑が真ん中に描かれ、石鳥居、拝殿、本社、末社、石七重塔、赤人寺、赤人桜ノ跡が注記されている。そして正八位《しょうはちい》渡忠秋の詠歌として「あふみなる　朝日の里の　小まつ原　さかゆく子代は　神そしるらん」が載る。

渡忠秋

関盛章に建碑を薦めたのは京の歌人の渡忠秋(一八一一~八一)であった。忠秋は桂園《けいえん》門下の歌人で、一八七四年(明治七)には宮内省の歌道御用掛《ごようがかり》をも務めた人である。忠秋は文化八年(一八一一)に高島郡南舟木《みなみふなき》に生まれ、地元で中江千別《なかえちわき》に歌を学んだあと京都に出て、天保年間

（一八三〇〜四三）に桂園派の創始者香川景樹《かがわかげき》の門に入った。桂園派は江戸時代末から明治期に盛行を見る歌学の流派で、古今集を尊重した。忠秋はその十哲《じってつ》の一人にも数えられている。忠秋は桂園派の和歌を学ぶとともに、右大臣三条実美にも師事し、岩倉具視《いわくらともみ》、三条西季知《さんじょうにしすえとも》らとも親交をもった。山部赤人に早くから関心を持っていて、年不詳七月六日付忠秋書簡には「宿願凡廿年に及候処」と記し、麻生村赤人堂のことにも早くから注目していて、領主の関氏に出会う機会を早くから窺っていたと思われる。また、古今和歌集を研究し、紀貫之《きのつらゆき》の遺跡を調査して明治元年（一八六八）に比叡山中に「紀貫之朝臣之墳」の碑も建てている。

いずれにしても、この地の赤人伝説が首肯される材料は何もない。それゆえに、この地は万葉の故地というよりも、近世末・近代初の歌道の史跡、国学の史跡と言うべきものである。そして、その意味を万葉研究や歌道・文化・思想史研究の中で考えることが必要であろう。領主（五千石の旗本）が領内に建てた石碑としても珍しいものである。明治二年（一八六九）六月以降の版籍奉還で旗本領は政府直轄地となるその直前の建碑で、関氏の代替りとも関係して、建碑の経過自体も極めて興味深い石碑といえる。

なお、碑文の周囲の玉垣には、「当村中」、桂園派の歌人尾崎宍夫《おざきししお》をはじめ、鋳物師の竹村太左衛門《たけむらたざえもん》、金堂《こんどう》（東近江市五個荘地区）の外与《とのよ》、日本橋（東京）の柳屋《やなぎや》、綺田《かばた》の野口忠蔵《のぐちちゅうぞう》、内池《うちいけ》（日野町）の鈴木忠右衛門《すずきちゅうえもん》、日野の正野玄三《しょうのげんぞう》など近隣の近江商人の名前が数多く刻まれている。

蒲生地区の歌碑　明誉上人、釈迢空

山部神社には、「春野のすみれ摘みにとこし我は……」の歌碑のほかに、百人一首で親しまれる「田子の浦にうち出《い》でてみれば白妙《しろたえ》の富士のたかねに雪はふりつつ」の歌碑もある。これは『新古今集』に収録の歌で、碑文には「田籠《たご》の浦にうち出《いで》て／みれはしろたへの不二《ふじ》／の高根にゆきはふりつゝ／山部赤人の歌　豊照臨書」とあり、一九六七年（昭和四二）に地元の人たちにより建てられたものである。

蒲生地区の歌碑で江戸時代に遡るものとしては、外原《とのばら》町の浄土宗正養寺《しょうようじ》の境内、本堂の左側（西側）の池の傍らにある明誉上人《みょうよしょうにん》歌碑がある。高さ九一㎝、幅二七㎝の直方体の砂岩で、正面に「□□□□□此池□□蓮のひと花に紅白の色わ□て咲ける□し／□□□□□の□□□□名□□□□□たりなきす持□へ／□□□□□□□□□唱ん□□□□□なむ／正こころはちすにさめて養はは／あかもしろきも□きはひとはな／光含」、左側面に「文政九年丙戌七月佳日

山部赤人歌碑

／紅白咲分之蓮三年相続生焉　本山／明誉上人為吉祥賜和歌檀越嘉寺門／光栄建此碑者也　現住瑞光謹誌」と流麗で細い線の書体で刻まれる。苔《こけ》による緑化もあり、判読困難な文字が多い。最初の三行が説明文で、次の二行が和歌である。左側面は建立の経過を記す。この碑については『近江蒲生郡志』巻七において、「境内の蓮池に紅白咲き分けの蓮ありとて碑を建つ」と紹介されている。碑文によると、紅白咲き分けのハスが吉祥として本山知恩《ちおん》院《いん》の明誉上人から和歌を賜ったことに対して、文政九年（一八二六）七月に住職の瑞光《ずいこう》が碑を建てたということのようである。

著名な歌人としては折口信夫《おりぐちしのぶ》の歌碑がある。宮川《みやがわ》町の八坂《やさか》神社の石鳥居の横に設置されている石碑の中に歌が刻まれていて、歌碑というより石碑に位置づけられよう。国文学者で歌人でもあった折口信夫（釈　迢空《しゃくちょうくう》は号）（一八八七〜一九五三）は、一九三八年（昭和一三）五月、宮川と竜王町山之上の合同で行われるケンケト祭（二〇二二年にユネスコ無形文化遺産に登録）を視察し、「冷えひえと／乙女幾たり／行く姿／日野の祭は／雨に過ぎ／たり／迢空」の歌を残したという。

釈迢空歌碑（八坂神社石碑）

釈迢空『遠やまひこ』には一九三五年（昭和一〇）一一月から一九四一年（昭和一六）五月までの歌が収められていて、その中の「凪《な》ぐ湖」の中にこの歌がある。一連の歌の始めには「近江八幡停車場」の文言があり、鉄道を使ってこの地に来たことがうかがえる。雨の歌、村の歌も多いことから、当日の天候が雨であったこと、「日野の祭」は、町場の日野祭ではなく、朝日野《あさひの》村の祭りの意であろうことなども推測できる。気象庁の過去の気象データを検索すると、一九三八年（昭和一三）五月三日の彦根の天気は雨であり、その年に詠まれたことが裏付けられる。

碑文によると、折口信夫に揮毫してもらって掲出していた「八坂神社」の神額が戦時中に金属供出の対象となりなくなっていたが、一九六八年（昭和四三）に再献され、三年後の一九七一年（昭和四六）の祭りの日に石碑が建造されたという経過をたどっている。

蒲生地区の歌碑　前田夕暮、米田雄郎、津島喜一

蒲生地区の歌碑で忘れてはいけないものに、石塔町の極楽寺にある前田夕暮《ゆうぐれ》と米田雄郎《よねだゆうろう》の歌碑がある。極楽寺の境内に向かい合って設置されていて、参道の左側（庫裏前）に前田夕暮歌碑、右側（鐘楼前）に米田雄郎歌碑がある。夕暮歌碑は横長の形状で、雄郎歌碑は山形の三角形状である。

前田夕暮（一八八三～一九五一）は米田雄郎の師にあたる歌人で、一九三〇年（昭和五）五月に雄郎

の住む極楽寺を訪ねてきた時の歌である。翌年秋（一〇月一七日）に雄郎が歌碑を建てた。夕暮の歌碑第一号で、文字も夕暮の揮毫によるものという。この歌は、歌集『水源地帯』（一九三二年）に収められている。このころ、夕暮は自由律短歌を詠んでいた。米田雄郎（一八九一～一九五九）は奈良県出身で、一九一八年（大正七）二月に極楽寺住持として来県し、小学校教師、歌誌『好《こう》日《じつ》』の主宰者、県文学会会長など、教育・文化の分野で活躍した人物である。画家野口謙蔵との親交のあったことでも知られている。

前田夕暮歌碑（高さ一〇五cm、幅一八〇cm、輝緑凝灰岩《きりょくぎょうかいがん》）

「夕暮／五月の／あをかしの／わか葉か／ひときは／このむらを／あかるくする／朝風」「昭和六年十月」

米田雄郎歌碑（高さ一四五cm、幅一九〇cm、花崗岩《かこうがん》）

「雄郎／いくばくの／いのちぞとおもふ／ときにしも／春のよろこび／もちて／くらさな」

「昭和五十五年十一月二十四日建之」

米田雄郎の次男で、雄郎の没後は「好日」の発行人となった米田登《のぼる》（一九一九～九三）の歌碑が蒲生東小学校の校門を入った右側に建つ。蒲生東小学校の創立百周年記念事業の一つでもあった。

米田登歌碑（高さ一四〇cm、幅一六〇cm、花崗岩）

「故里《ふるさと》を出でて／いくとせなる／われぞ／花霞《はながすみ》のなかの／産土《うぶすな》の宮／登」「平成十三年十一月建設／好日社」

前田夕暮歌碑

前田夕暮に師事した人に、市子殿《いちことの》の小林《こばやし》喜一郎《きいちろう》（号は津島《つしま》喜一）（一九一六～九〇）もいた。蒲生地区を代表する歌人の一人である。津島喜一は前田夕暮の門葉の一人として一九歳の時から作歌を始めた、自由律短歌の歌人として知られる。『歌集　近江盆地』（一九八一年）、『歌集　湖の祭典』（一九八五年）、『現代語歌集　湖』（一九八八年）、『現代語遺歌集　湖と魞』（一九九一年）、『蒲生野　考証万葉集』（一九九二年）などの歌集、著作がある。

また、朝桜《ちょうおう》中学校の校歌（一九五〇年制定）、蒲生西小学校の校歌（一九五九年）を作詞した人でもある。歌碑は、『歌集　近江盆地』の巻頭（プロローグ）に載る歌で、一九八七年（昭和六二）に自身により自宅敷地内に建立されたものである。高さ二〇〇cm、幅一〇〇cmの大きな石に、「土ふかくのびていく／いっぽんの人参《にんじん》が／じつはすばらしい一行詩／であった」と、自作の歌が刻まれている。

句碑

当地では歌碑に比べると句碑は少ない。石塔寺には江戸時代後期に僧侶で俳人でもあった虚白（一七七三～一八四七）の「かれ野山／父はは／恋し／石の塔／虚白」の句碑が建つ。虚白は甲賀市土山町南土山《みなみつちやま》の常明寺《じょうみょうじ》にいたこともあり、句碑も滋賀県内にいくつか知られている。

滋賀県内の句碑で存在感を示すのは、松尾芭蕉《まつおばしょう》（一六四四～九四）の句碑ではなかろうか。願成就寺《がんじょうじゅじ》（近江八幡市小船木《こぶなき》町）の境内には、「一声《ひとこえ》の　江《え》に横たふや　ほととぎす　翁」「于時寛政五癸丑冬十月　蕉翁百回追遠日建之　江東　竹庵　佃房男　副墨庵社中」の句碑がある。竹庵は八幡で活躍した佃房原元《つくだぼうげんげん》（？～一七六九）の住居で、この碑はその息が蕉翁百回忌に建てたものである。同寺には、「比良三上《ひらみかみ》　雪さしわたせ　鷺《さぎ》の橋　はせを翁　魯人拝書」「蕉翁二百年忌為追弔　明治二十六年十一月二十八日」の句碑もある。これは、一八九三年（明治二六）芭蕉の二百回忌に八幡出身の魯人が建てたものである。さらに、「五月雨《さみだれ》に　鳰《にお》の浮巣《うきす》を　見に行《ゆか》ん」の句碑が、一九九四年（平成六）の芭蕉三百回忌に建てられている。

日野町別所《べっしょ》の街道沿いには、「はかれたる　身にはきぬたの　ひびき哉《かな》　芭蕉」「淇水建焉」「天明八年冬」の句碑がある。天明八年（一七八八）に近くの徳谷村《とくだに》（日野町中山）の岡崎《おかざき》淇水《きすい》が建立したものである。遠久寺《えんきゅうじ》（日野町大窪《おおくぼ》）の境内には、「葱《ねぎ》白く　あらひ上たる　寒さ哉　はせを」「文政十二年己丑初冬　逸井建」の句碑がある。正法寺《しょうほうじ》（日野町鎌掛《かいがけ》）の境内には、「観音の　甍《いらか》みやりつ　花の雲　はせを」の句碑がある。文政年間（一八一八〜三〇）に鎌掛の幡龍《ばんりゅう》が発起人となって建てたものである。

五個荘小幡《おばた》町の厳島《いつくしま》神社には「八九間《はっくけん》　そらで雨降る　柳かな　はせを翁」の句碑がある。同所には地元の俳人市河公風《いちかわこうふう》の「かすみかと　思うほどなる　初霞　市河公風」「明治六年」の句碑もある。

日野町別所の芭蕉句碑

永源寺《えいげんじ》（東近江市、旧永源寺町高野）の境内には、「こんにゃくの　さしみもすこし　梅の花　はせを」「昭和四十九稔穐《ねんあき》彼岸　蒟蒻《こんにゃく》製造　上田亀太郎《うえだかめたろう》建立」の句碑がある。旧永源寺町山上《やまかみ》の八風《はっぷう》街道沿いには、「蝶鳥の　知らぬはなあり　秋の空　はせを」「文化十一年甲戌《きのえいぬ》夏」の句碑がある。文化一一年（一八一四）に鷺橋《おうきょう》が建てたものである。鷺橋は、膳所の義仲寺《ぎちゅうじ》で毎年行われた芭蕉の追善句会の『しぐれ会』に名のみえる俳人である。

これらの句碑の建立には、発起人の呼びかけに応えた多くの賛同者がいたことが偲ばれるとともに、そのような文化的な土壌のあったことがうかがえる。

徳本名号碑

蒲生町内を回っていた時、蒲生堂の農道の傍で、独特の書体で「南無阿弥陀仏」と刻んだ大きな石碑に出会った。碑には「文政元寅歳十月六日示寂《じじゃく》」「文政十三歳寅三月吉日村中」の文字もあり、江戸時代後期に村中により建てられたものであることがわかったが、誰の死に関係するものかすぐにはわからなかった。しかし、同じような「南無阿弥陀仏」の石碑が、蒲生町に隣接する日野町石原《いしはら》の県道沿いに立っていることを思い出した。調べていくと、同じような「南無阿弥陀仏」碑は蒲生町内に他に二ヶ所、日野町内には数ヶ所あることがわかってきた。

日野町内のものに関しては、日野町教育委員会の瀬川欣一《せがわきんいち》さんが調べられていて、町内の広報誌に紹介されていた。それによると日野町平子《ひらこ》の澄禅寺《ちょうぜんじ》に寄留した徳本上人《とくほんしょうにん》という高僧の徳を慕った人々が上人真筆の六字の名号を石に刻んだものであることがわかった。

日野町音羽《おとわ》の北畑口《きたばたぐち》にある一八八五年（明治一八）の自然石の道標には、「右ちょうぜん山道、左西明寺北はた道」と刻まれている。「ちょうぜん山」とは、そこから三キロ東の日野町平子にある浄土宗の澄禅寺のことである。

澄禅寺は、僧澄禅が元禄一二年（一六九九）から享保元年（一七一六）まで山居した柴庵《しばいお》に始まる。澄禅は承応元年（一六五二）に日野で生まれ、若くして両親と死別し、一四歳の時に出家して日野町大窪《おおくぼ》の大聖寺《だいしょうじ》在心に師事した。一八歳の時に江戸増上寺《ぞうじょうじ》で宗脈・戒脈を相承し、その後諸国の名山聖跡を巡った。元禄一二年からは江州平子山で苦行修錬し、享保元年には山城大原の弾誓《たんぜい》の遺跡に移り、享保六年に寂した。彼は捨世《しゃせい》派の風を求めて坐禅称名《しょうみょう》を常とし、その下には貴賤の群衆が集まったという。その九〇年後、僧徳本が澄禅の遺跡を慕って澄禅庵に入る。

蒲生堂の徳本名号碑

徳本は宝暦八年（一七五八）に紀州日高《ひだか》郡久志《くし》村（現和歌山県日高町）に生まれた。幼少より念仏を始め、農事の余暇をも利用して念仏に励んだ。天明四年（一七八四）に剃度《ていど》し、その後苦行修錬した。文字を習わずに句読を習うだけで宗要を解し、大乗の奥義に達した。四五歳までは長髪長爪の異相により、紀伊《きい》・河内《かわち》・摂津《せっつ》などを行脚《あんぎゃ》した。享和三年（一八〇三）に初めて平子の澄禅庵に入り、その後も同年一二月、文化二年（一八〇五）一月から翌年正月まで、そして文化七年にも澄禅庵に来ている。それ以降も紀州や関東各地を巡化して念仏を弘め、文政元年（一八一八）に江戸小石川《こいしかわ》の一行院《いちぎょういん》で没している。徳本はこのように広く伝道し、各地に特殊な名号碑も残していて、浄土宗の教化に果たした役割は極めて大きい。徳本の名号碑は全国各地に分布し、『徳本行者諸国名号石《みょうごういし》記』によれば、文化一三年春以後に名号石名号を願い出た数は、二一ヶ国三五八ヶ所におよんでいる。「名号石記」には近江は見られないが、滋賀県内にもあちこちに建てられている。銘文の多くは徳本名号と建立年・建立者だけを刻むものであるが、澄禅寺の名号碑には澄禅・徳本の二人の高僧の名前が記され、「信仰輩乞其書、欲建仏名碑」と、建立の状況を刻んでいる。

徳本名号碑銘文

・日野町平子、澄禅寺境内

「（徳本名号）開山精蓮社進譽澄禅大和尚
名蓮社號譽爾阿徳本大和尚」

「澄禅上人山居于此、自元禄十二
年至享保元年十有八年矣、當時
有法眼敬輔者写其柴庵而余先　（柴庵の絵）

人刻之而将傳于世、近時徳本上
人追其舊趾来住二年實文化二
三年之間也、爰信仰輩乞其書欲
建仏名碑、以託余使谷輔長□其
図并勒之者先人之微志也
文化十四年丁丑夏五月
中井良祐季子　楠武成誌」

徳本名号碑の所在地を今少し詳細に見れば、いろいろと興味深いことに気づく。第一は地域的な広がりがみられることで、平子の近村に多く、平子から離れるに従って少なくなっている。これを浄土宗寺院との関係でみると、同宗寺院の境内や、同宗寺院の所在する村に多いが、禅宗の正明寺《しょうみょうじ》（日野町松尾）や近くの蔵王《ざおう》・熊野、および石原など他宗寺院の村にもみられる。つまり、徳本信仰の広がりは浄土宗寺院をもつ地域を中心としながらも、その枠を越える広がりも持っていたといえる。第二は長期間にわたって建てられていることで、澄禅寺の文化一四年（一八一七）のものから一八七七年（明治一〇）ごろのものまで約六〇年間におよび、とりわけ文政・天保年間に多い。このことは徳本への強い信仰を意味するものであるが、後にも少し触れる信仰組織や時代状況とも強く関連していると考えられる。第三は建立の具体的な位置である。澄禅寺や雲迎寺《うんこうじ》（日野町音羽）、正明寺など寺院の境内や門前に建つものもあるが、会所や道沿い、村境などに建てられているものもあり、むしろそれが一つの大きな特徴になっている。このことは徳本信仰の性格や村の寺院の性格、名号碑に対する住民の要求とも関連していると考えられる。第四は建立者のことで、僧侶だけでなく、近江商人の中井氏、「宿」、「講中」、「村中」など多岐にわたっている。「村中」、「念仏講中」とともに「徳本講中」の建立があることは、伝統的な村や念仏講の組織の上に徳本信仰が覆い被さったことを物語っている。

徳本信仰の広がる時代的背景には、近世後期になると既成の宗教にとらわれずに新しい信仰を求める人たちが増加し、新しい信仰も多様な形で成立していたことを掲げることができる。よく知られるように、黒住《くろずみ》教・天理《てんり》教などの教派神道も近世後期の一九世紀になってから開かれている。またこの地においても、金毘羅社や稲荷社の多くは一九世紀以降に勧請されている。その勧請の仕方や祀り方は、旧来の村の社とは異なり、何人かの信者による仲間内信仰の要素が強いようである。このような状況は、幕藩制社会の矛盾の中に生きる人々の不安感や期待感の交錯により生み出されたものである。ここで取り上げた徳本名号碑の存在にみられる徳本信仰の広がりも、この時代状況の中に置いて考える必要がある。

現在、蒲生地区にある「ふたばこども園」は、元は石塔町の専修院《せんしゅういん》により経営される施設であった。専修院は一八八二年（明治一五）に宮本治郎右衛門《みやもとじろえもん》により創建された浄土宗寺院である。宮本治郎右衛門は嘉永四年（一八五一）に石塔村に生まれ、一九歳の時に澄禅寺で念仏についての教えを受け、それにより以後を念仏で一貫した人であった（後には旧桜川村の村長もする）。ここには、徳本の蒔いた種が社会事業として大きな花を咲かせた姿をみることができる。

なお、徳本よりも一〇〇年前に活躍した祐天《ゆうてん》上人の名号碑が市子殿町（東近江市）の大円寺の門前にある。明治二年（一八六九）の建立で、祐天没後一五〇年にあたって建てられたものである。「好講連名帳」記載の現在地名（県内のみ）を記しておく（次ページの表5）。好講とは、徳本上人の勧化《かんげ》をうけた各地の念仏講や、徳本講と称する講頭の人々が澄禅山の霊跡を護持しようとして結成した講である。

表５　「好講連名帳」記載の現在地名（県内のみ）

現在の市町名	旧市町名	大字名
日野町	日野町	平子、熊野、仁本木、下迫、石原、中山
東近江市	蒲生町	蒲生堂、葛巻、川合
	八日市市	八日市、浜野、建部日吉、建部北、建部堺、川合寺、外、妙法寺、中小路、尻無、中野
	五個荘町	新堂
	湖東町	大清水、北菩提寺、上岸本
竜王町	竜王町	岡屋、小口
近江八幡市	近江八幡市	安養寺、横関、馬淵、鷹飼、金剛寺、武佐、白王
野洲市	野洲町	長島、入町
湖南市	甲西町	岩根、吉永
甲賀市	水口町	水口、三大寺、北脇、伴中山、山
	土山町	土山、徳原、鮎河
	甲賀町	岩室、小佐治、隠岐、神保、相模、高野、櫟野、五反田、高嶺、上野、田堵野、毛牧、滝
	甲南町	上馬杉、下馬杉、野川、柑子、池田、野尻、竜法師、磯尾、杉谷新田、新治、市原、塩野、深川
	信楽町	宮町、牧

第六章　石仏

滋賀県内の石仏

金勝《こんぜ》山の狛坂磨崖仏《こまさかまがいぶつ》、比叡山西塔《さいとう》の弥勒《みろく》石仏、東近江市川合《かわい》町の石棺仏《せっかんぶつ》など、滋賀県内には数多くの石仏がある。それらは、石造美術研究家の川勝政太郎《かわかつまさたろう》さん、石仏研究家の清水俊明《しみずとしあき》さん、郷土史研究家の瀬川欣一《せがわきんいち》さんなどの本に紹介されている。

石仏の多くは造立の経過がわからない。狛坂磨崖仏は栗東市の金勝山の山中にある高さ六m、幅四mの岩に、大きな三尊仏《さんぞんぶつ》一組、両脇の菩薩《ぼさつ》像二体、小さな三尊仏二組、脇の菩薩像一体、別石の三尊仏一組、あわせて一五体の仏像が刻まれている。様式から奈良時代の制作とされているが、山中にあることからどのような経過で作られたのか興味が湧くが、残されている資料はほとんどない。それでも、いくつかの仮説が提示されている。

富川磨崖仏

その他の石仏については単独で祀られているものが大半であり、立地などで想像するしかない。例えば、比叡山西塔の弥勒石仏の場合、比叡山の信仰の中で造像されたと考えられよう。志賀里の見世《みせ》の大ぼとけ石仏は、旧街道沿いに位置していて、京都の白川《しらかわ》にある街道沿いの石仏と同じように、街道を往く人々の安全を祈願したものと推測される。この街道沿いには、大津市山中町《やまなか》の西教寺《さいきょうじ》前にも大きな丸彫りの阿弥陀《あみだ》石仏がある。

滋賀県内には、不動明王《ふどうみょうおう》石仏が多く見られる。大津市山上町《やまがみ》の早尾《はやお》神社の近くには、「仁治《にんじ》三年（一二四二）八月廿八日」の造像銘をもつ不動磨崖仏がある。この石仏は園城寺《おんじょうじ》の不動信仰と関係する仏像だとされている。大津市富川《とみかわ》町の阿弥陀三尊磨崖仏の左手にも鎌倉時代の不動磨崖仏があり、田上《たなかみ》不動寺との関連が推測されている。湖南市岩根《いわね》町の不動寺の磨崖仏には「建武《けんむ》元年（一三三四）三月七日」の銘があり、近くの善水寺《ぜんすいじ》と関連する石仏だと考えられている。このように不動明王は磨崖仏として祀られるものも多く、寺院の信仰との関連が推測される。

以下では、高島市鵜川《うかわ》にある四十八躰《しじゅうはったい》石仏について考察する。

鵜川四十八躰石仏

国道一六一号沿い、湖の中に立つ鳥居で知られる白鬚《しらひげ》神社から北上すると「鵜川四十八躰石仏」の入口を示す標識がある。それに従って小道を入るとすぐに鵜川の墓地に至る。そこに石仏群が鎮座している。他人を案内してその付近を通ると、時間があれば必ず立ち寄って紹介したくなる、

鵜川四十八躰石仏（1978年撮影）

見応えのある興味深い石仏群である。
花崗岩《かこうがん》製の丸彫りの阿弥陀如来座像で、像高は約一・六m、膝幅は約一・三mである。もともとは四八体が存在したと考えられるが、一三体は江戸時代前期に大津市坂本《さかもと》の慈眼堂《じげんどう》へ移され、三五体が残っていた。しかし、一九八七年（昭和六二）一〇月に二体が盗まれ、現在は三三体が残るのみである。一九六一年（昭和三六）四月二六日付で「鵜川四十八躰仏」の名称で滋賀県指定史跡となっている。伝承によると、近江国守護の佐々木《ささき》（六角《ろっかく》）義賢《よしかた》（一五二一～九八）が天文《てんぶん》二二年（一五五三）に亡き母の供養のために造立したとされる。

この伝承の典拠は享保《きょうほう》一九年（一七三四）に膳所《ぜぜ》藩の寒川辰清《さむかわたつきよ》が書いた『近江輿《よ》地志略』の記述にある。同書には、「土俗云ふ天文二十二年佐々木義賢先妣《せんぴ》（亡き母）の為に石仏の弥陀を建立す。（中略）寺あり摂取庵と号す」と記される。ところで、鵜川の白鬚神社には宝永《ほうえい》二年（一七〇五）に編まれた「白鬚明神縁起」（全二巻）が伝わる。この縁起は、白鬚社別当の福寿院《ふくじゅいん》が発起し、詞書《ことばがき》は伏見宮邦永《ふしみのみやくになが》親王以下一三名の執筆、絵は藤原重好《ふじわらのしげよし》の手になる。全一八段からなり、上巻が古代における信仰、下巻が中世以降の信仰を扱ったものである。『近江輿地志略』の白髭大明神社の項には、縁起に曰うとしていくつかの伝承を載せるが、それはこの縁起の第一段から第五段、第七段、第八段、第一五段、第一六段、第一八段を簡略してつなげたものである。このことから、『近江輿地志略』の白鬚神社の項は土俗の伝承を採録したのではなく、「白鬚明神縁起」を参照して記述したといえる。

この縁起の下巻の第一三段には鵜川四十八躰石仏のことが書かれている。詞書には「廿二年二月先妣の為とて石仏の／阿弥陀四十八体を彫刻して社近き／所にをく、今其所に庵あり、摂取庵／と名付く」とあり、湖から少し山に入った山腹に並ぶ四八体の石仏（数体ずつ十列余に並ぶ）と、その前に建つ茅葺《かやぶき》の庵とが描かれる。

縁起では、第一〇段・第一一段は足利《あしかが》将軍家の信仰、第一二段・第一三段が佐々木氏の信仰、第一五段が浅井《あざい》氏（豊臣《とよとみ》氏）の信仰を記述する構成となっている。この段割に明らかなように、足利将軍家の信仰の次に、近江国守護としての佐々木氏の記述が置かれている。第一二段は天文九年（一五四〇）に佐々木義賢が白鬚社境内に伊勢内《ない》・外宮《げくう》、八幡・賀茂《かも》・高良《こうら》を造ったことを伝える。第一三段の石仏の文章は、神社とその周辺への近江守護の崇敬を物語るものとして位置づけられよう。なお、白鬚明神は比良明神が転訛《てんか》したものとされ、鎌倉時代から室町時代にかけては将軍や守護の信仰も集めるようになった。『社記』によると、天文九年には佐々木義賢が社殿を造営し、流鏑馬《やぶさめ》等を挙行して武運長久を祈願した。天文二三年（一五五四）には将軍足利義輝《よしてる》が関白二条《にじょう》晴良《はるよし》とともに参拝する。義輝は弘治《こうじ》三年（一五五七）にも訪れ、永禄《えいろく》九年（一五六六）には足利義昭《よしあき》も参拝したとする。

石仏を建立したとされる佐々木義賢は、天文二一年（一五五二）正月に父の佐々木定頼《さだより》の死去により家督を継いだ。義賢は三好長慶《みよしながよし》と和議を結ぶことにより、高島郡の朽木《くつき》にいた一三代将軍足利義藤《よしふじ》（のち義輝）を入京させることに成功し、天文二二年（一五五三）には江北の浅井久政《ひさまさ》を屈服させるなど、卓抜した政治手腕の人物であった。義賢の母については、呉服前《くれはのまえ》という名のみ知られ、没年などは明らかでない。義賢の妻である畠山義綱《はたけやまよしつな》の娘は天文一六年（一五四七）三月に若くして亡くなっている。義賢にとって、天文二二年は、父の一周忌、妻の七回忌に当たる年ということもでき、阿弥陀石仏の供養をするには相応しい年次のように思われる。

もう一度、縁起の詞書と絵を見てみよう。第一三段の詞書はわずか四七文字で、足利義輝の参詣を記す第一〇段、経岩の伝承を記す第一七段と同程度であり、いずれも縁起の付けたし部分という印象がする。絵についても、石仏の彫刻、供養ではなく、石仏と摂取庵を画面の片隅に描くもので、佐々木義賢の信仰を図像化しているとはいえない。おそらく、縁起の形を整えるために、神社の周辺にある石仏と摂取庵を素材に挿入した話題といえよう。

冷泉家の時雨亭文庫に伝わった「為広越後下向日記」の記事

明治維新後も京都に残った公家に冷泉家《れいぜい》がある。藤原定家《ふじわらのていか》の流れをくむ家で、和歌を家職としていた。その蔵には国宝・重要文化財に指定された数多くの古典籍・文書類が納められていた。その中に『為広越後《ためひろえちご》下向《げこう》日記』があった。

一九八五年（昭和六〇）、冷泉家時雨亭《しぐれてい》文庫の常任理事でもあった小葉田《こばた》淳《あつし》氏は、同文庫にあった「為広卿越後下向日記」（仮題。後年に出版された叢書では『為広越後下向日記』）を同文庫の研究誌である『しぐれてい』に紹介した。

室町幕府内の実力者でもあった細川政元《ほそかわまさもと》は延徳《えんとく》三年（一四九一）三月三日から四月二八日まで越後国に下向する。それに同行した冷泉為広の日記が冷泉家に現存する。京都を出発した政元の一行は、山中越をして比叡辻《ひえいつじ》の宝泉寺《ほうせんじ》に宿した。翌四日は船にて琵琶湖の西側を北上し、堅田《かたた》、今堅田、真野《まの》を経て、和爾《わに》（和邇）では船中にて昼休みをした。次いで、木戸《きど》、比良《ひら》、小松《こまつ》、白鬚明神へと進んだ。日記には続いて「次ニ廿八躰ノ石ノ阿弥陀アリ」と記述される。この夜は打下《うちおろし》の宝林庵《ほうりんあん》を宿としている。小葉田氏はこの記述に関して、『高島郡誌』（一九二七年）、『近江輿地志略』を引用し、日記にある廿八躰の阿弥陀の石仏は、鵜川の四十八体石仏であり、「廿八躰」は四十八躰の誤りであろうとした。さらに、日記の六〇年後に当たる義賢の建立は誤伝であろうとした。

この資料紹介は『しぐれてい』という少部数発行の誌面に紹介されたため、滋賀県内の人々にはほとんど知られなかった。そのことを残念に思った地理学者の小林博氏は、小葉田淳氏の研究成果に賛意を表して、『滋賀県地方史研究』により滋賀県内の研究者に広く紹介した。そこで小林氏は、一八八三年（明治一六）の『鵜川村誌』（滋賀郡村誌第一一巻）から『高島町史』（一九八三年）に至る諸本を検討し、いずれもが天文年間の佐々木義賢建立説を記していて、その伝承のはじまりを『近江輿地志略』だとした。さらにそれ以前の書物として貞享《じょうきょう》年間（一六八四〜八八）の『淡海温故録《おうみおんころく》』を上げ、さらにその元になった『江源武鑑《こうげんぶかん》』と『江侍聞傳録《こうじもんでんろく》』の記事を紹介し、引用の相違などを指摘した。『江源武鑑』の「屋形（義実《よしざね》）」建立説と『江侍聞傳録』の弘法大師《こうぼうだいし》建立説・義実建立説が『淡海温故録』に継承され、『近江輿地志略』の段階で屋形を義実でなく義賢と誤ったものではないかとして義賢建立説の形成過程を探るとともに、『近江輿地志略』が石仏数を確認したであろうこと、石仏を弥陀四十八願に意味づけたことを指摘する。その上で、小葉田氏の研究で指摘されているように義賢建立説は誤りであり、これまでの説明は改めなければならないと結論した。

このように、延徳三年の「為広越後下向日記」が紹介されたことにより、近江国守護の佐々木義賢が天文二二年に亡き母の供養のために鵜川四十八躰石仏を造立したとされる伝説は否定された。それを受けて、二〇〇八年（平成二〇）に刊行された『滋賀県の歴史散歩　下』でも、同日記を紹介して延徳三年の段階で石仏群が存在したことがわかるとした。

なお、「為広越後下向日記」の翌日の記述によると、「今日モ海路也」として、打下から、勝野《かつの》浜、三矢《みつや》、舟木《ふなき》へと進んでいる。つまり、冷泉為広たち一行は三月四日・五日は船にて琵琶湖岸を北上していて、白鬚明神や鵜川四十八躰石仏についても船より参拝・見物したといえる。おそらく記述の内容は船頭か案内人の説明を手控えたもので、それを後日に清書し直したものと推測できる。鵜川四十八躰石仏は琵琶湖に近いところにあるが、現在では木々が茂っていて、琵琶湖からは直接に見えない。当時においても湖上から石仏が明瞭に見えたかどうかは疑問で、実見による記録というより伝聞によるものと考えた方がよさそうに思われる。四十八躰を二十八躰としたのは、「しじゅうはち」と「にじゅうはち」の聞き違いか、「廿」と「卌」の書き違いであろうと推測する。

石仏の調査記録

鵜川四十八躰石仏の本格的な研究は、近代になって始まる。最初に取り上げたのは、一九二二年（大正一一）の『滋賀県史蹟・名勝・天然紀念物調査報告概要』で、この石仏を文化財的に調査・記録した嚆矢《こうし》となる。その「四十八躰」の項には、石仏の弥陀坐像同形の二一体、後に補えるもの七体を五列に据えるとする。そして、総長各四尺七寸、顔面の長一尺五寸、幅九寸、額部全周三尺九寸、肩幅二尺三寸、最底部幅三尺六寸とする。その後に、坂本への移動の伝承、佐々木義賢建立説等が記される。その上で、「今之を検するに其の手法に足利末期の迹を存して彫刻に力あり」と、実見により彫刻の力強さを認めていることが注目される。ただし、後より補える七体は手法拙劣《せつれつ》で見るに足りないとし、頭部の落ちたるを仮に載せるもの三体としている。

次は、一九三九年（昭和一四）の『滋賀県史蹟調査報告　第八冊』である。附記によると、滋賀県の史蹟調査会の顧問であった浜田耕作《はまだこうさく》氏の指示により、柴田実《しばたみのる》氏が調査・報告したものである。はじめに地理的な位置を述べ、次いで伝承について略記する。その上で立地を記し、像容について詳述し、最後に石仏の周辺の事物について触れる。さらに伝承についての考察、坂本の慈眼堂の石仏にも言及する。立地については、元は各列（八列）六体ずつ自然の傾斜に従って後方ほど高く並んでいたものと考えられるとする。像はすべて同一の様式を示しているとする。石質は皆花崗岩であり、容貌や衣文《えもん》の彫法によく時代の風を存しているとし、天文年間造顕の所伝を肯定する。なお六体については落下した首を復したものとする。また、石仏の前に同時代の石灯籠のあることも記す。この調査・報告で注目できる点は、四十八体仏配置略図を載せた点、慈眼堂の一三体について記述した点、写真を掲載した点である。特に配置略図は、当初の姿を復元する上で基礎的な資料になるといえる。これをもとに図10の配置模式図を作成した。

この石仏配置略図と現存の石仏とを比べると、一九八七年に盗難に遭ったのは左から一列目と二

図10　鵜川四十八躰石仏の配置模式図

	(左)8	7	6	5	4	3	2	(右)1
後1	○	○	○	○	○	◎	○	○
2	○	○	○	◎	○	○	◎	○
3	○	○	○	[○]	○	◎	[○]	○
4	○	○	○	●	○	○	[○]	●
5	×	×	○	●	[◎]	○	●	●
(前)6	●	●	●	●	●	●	●	●

（註）●は慈眼堂に移転　［○］は位置が動いたもの
◎は首部が後補のもの　×は1987年に盗難

列目のそれぞれ後ろから五列目（盗難時は最前列）の石仏であったといえる。造立の当初は六体ずつ八列に並んでいたと仮定すると、坂本の慈眼堂に持ち出された一三体は、最前列の石仏が各一体（計八体）、右から一列目の二体、右から二列目の一体、右から五列目の二体と推定される。さらに、右から二列目の二体、右から四列目の一体、右から五列目の一体が元の位置から移動した状態で置かれていて、右から四列目と右から五列目のものは体半分ずれて列を乱している。このことから、石仏の持ち出し作業は途中で中止され、そのまま放置されたと判断される。全体に右側の石仏が減じていることから、その方角から湖岸に運び出され、船で輸送されたと推測できる。

石仏の現地観察

これまで、この石仏については佐々木義賢造立説を前提としていたため、室町時代後期の作とされてきたが、その前提が崩れたことから再考が必要となる。現存の石仏を観察すると、像の作《さく》行《いき》に著しい差異は認められないことから、一時期に制作されたといえる。ただし、首を復したものの数体については首部のみ後補と判断される。現存する三三体の石仏は、狭い区画に密集して並べられていて、群として祀られていたと思われる。石仏の各個については、風化の進むもの、苔むすもの、下端が埋まるもの、近接していて充分に観察できないもの、各個の傾きがさまざまなことなどから、一見しただけでは比較検討が難しいが、全体として見れば次のように言える。面相は比較的によく残り、顔はふくよかで笑みをたたえ、螺髪《らほつ》も丁寧に刻まれる。衣文は大衣《だいえ》を偏《へい》袒右肩《たんうけん》とし、結跏趺坐《けっかふざ》し、膝前で定印《じょういん》を結ぶ。膝部分は扁平で立体感に乏しい。台座部分には七弁《しちべん》の蓮弁を刻むが、その線はゆったりとしている。背面は荒叩きのままで、仕上げがされていない。

鵜川四十八躰石仏（頭部）

石材については、比良山系から転げ落ちた花崗岩の転石を素材にしたものと瀬川欣一氏は推測している。石仏の近くを通る国道一六一号の高島バイパス工事に際しても、同種の石が多数掘り出されたとされる。ただし、石材の産地についての判断はなかなか難しいので、ここでは一度保留して後述することにする。前述の『滋賀県史蹟調査報告』では、膝部においては素材となった角材のもとの形がなおかなり顕著に看取されるとあり、このような石材の制約が、石仏の膝部分における立体感の乏しさにつながっていることは容易に類推できる。四十八躰仏は、石材として見るならば、長さ五〜六尺、幅四〜五尺、奥行き二尺の石材が四八個分で、それを丸彫りして仏像に仕上げるためには、かなりの費用がかかると想像される。四八体という数は石仏としては傑出していて、この経費を負担できるのはかなりの政治的・経済的な力を持つ人物か、多人数の結縁によるものだと考えられ、その点で近江守護の佐々木義賢建立説が首肯されていた節もある。

山中西教寺の石仏

この石仏と石材・技法が類似する石仏としては、高島市安曇川町田中《たなか》の玉泉寺《ぎょくせんじ》に五体の石仏がある。仏像の種類は異なるが、石像の大きさや技法の様式は似ている。また、瀬川氏は守山市木浜《このはま》町の蓮光院《れんこういん》境内墓地の阿弥陀石仏も技法は同じで、湖西で造られたものが船で運ばれたものだろうとする。

次に、この石仏と大きさ・姿形が似ているものに、大津市山中町にある西教寺の阿弥陀石仏がある。山中は、比叡山地を滋賀里《しがさと》から北白川に越える道筋の峠から京都側に下がった集落で、その中ほどに街道に面して石仏がある。高さ二・七mの花崗岩に、像高一・四mの定印を結ぶ阿弥陀坐像が厚肉彫で造られている。像容に写実的なところがあることから鎌倉時代末期のものと推測されている。この石仏と比較すると、四十八躰仏は腕から膝部の付近が扁平であることから、少し時代の下がる南北朝期から室町時代前期の造立ということになろう。

石仏の所在地の周辺部において、石仏と関連する遺跡などは今のところ存在しない。なお、『滋賀県史蹟調査報告　第八冊』で石仏前に同時代の石灯籠があるとするが、これは江戸時代まで下るかもしれない。また、四十八躰仏の周囲は鵜川と打下（勝野の東部）の共同墓地で、石仏の前には元禄一三年（一七〇〇）の南無阿弥陀仏《なむあみだぶつ》石碑が建つことから、それまでに墓地になっていたと思われる。『近江輿地志略』にはすでに墓地の記述がある。

「小松之庄与音羽新庄与境論目録」と絵図資料

鵜川と勝野は現在はともに高島市内で、二〇〇五年（平成一七）の合併以前は高島町であったが、一九五六年（昭和三一）までは滋賀郡志賀町鵜川と高島郡高島町勝野に分かれていた。勝野は一八七四年（明治七）に大溝《おおみぞ》町と石垣《いしがき》村と打下村が合併した地名である。鵜川は打下の枝郷《えだごう》として長年にわたって意識されていたことから、高島町への編入が成立した。鵜川の南側にある小松庄と打下のある音羽《おとわ》庄は、鎌倉時代から江戸時代まで何回にもわたる境相論を繰り広げていて、関連の文書や絵図が数多く残る。宝永七年（一七一〇）の「鵜川浦船積論裁許目録」（伊藤家文書）には、弘安三年（一二八〇）の絵図を始めとして何点かの古証文が引かれる。その中に明智《あけち》光秀《みつひで》から小松惣中に宛てた一一月二一日付け（天正八年〈一五八〇〉か）の文書の写しがある。「当郡与高嶋郡境目之事、如先規、限北小坂・四十八躰、従此方申付条庄内得其意、田地等可令進退、若従（縦）打下より違乱之儀於有之者、急度可有注進、以御山林等可為同前之状、如件、」とあり、滋賀郡と高島郡の郡境として小坂と四十八躰を目印としていることがわかる。さらに「江州志賀郡小松之庄与《と》音羽新庄与《と》境論目録」（伊藤家文書）には永享《えいきょう》八年（一四三六）の相論の記録が残されている。それによると小松庄と音羽庄打下との境相論は同年六月に湯起請《ゆぎしょう》により小松側の勝訴が確定した。それを受けて九月二四日、国方の佐々木能登中務《なかつかさ》入道と田中式部尉《しきぶのじょう》が出てきて、「四拾八躰之比（北カ）、小坂之一本杉、見宛之《みあての》置石、至峯者限水落方杉」を境とすると載せる。現文書は近世初期の写本であるが、その奥書には本紙が古くなって糊《のり》離れしているため帳目録に写し置いたと記していて、原本は室町期に遡る文書であったと推測できる。『志賀町史』ではその境界の具体的な場所については不明としているが、「四拾八躰」は地名でなく、一本杉・置石などと同じく目で見てわかる石仏そのものだと判断される。つまり、この堺論目録は明智光秀文書と同じく四十八躰仏を書き記す大事な資料であるとともに、室町時代中期の永享八年に四十八躰仏が存在していた可能性を示す重要な資料であるといえる。文書が後世の創作でなければ、四十八躰仏は永享八年には存在し、建立から一定の年月を経ることにより境界の目印として地域住民に共通認識されていたといえよう。したがって、その建立はさらに遡ると推測できる。

この両庄の相論に関連して作成された室町時代の絵図が伝わる。それには郡境の標識として湖近くの大杉、山腹の小杉、山中の郡界畳石などが描かれるが、四十八躰仏は見られない。絵図では、大杉は一本杉として描かれ、小杉は文字のみで図化されていない。大きな一本杉が境界の指標になることは理解できるが、小杉が目印になることは疑問もあり、文書との関連では「小杦」は「小坂」の誤りの可能性も視野に入れたい。畳石については積み重なった石を意味すると思われ、この付近に露出する目印となる石材と思われる。

この絵図の制作は、鎌倉時代の弘安《こうあん》三年（一二八〇）の相論時に作成されたものに、南北朝時代の永和《えいわ》二年（一三七六）の相論時の裏書きを加えた絵図を基にしている。現存の絵図は比良庄（小松庄を含む）を中心に描いていて、音羽庄との相論地点は明確でない。その後、両庄は応永《おうえい》二三年（一四一六）にも相論を行ない、湯起請の結果、打下が勝ち、小松庄から音羽庄に請文が提出された。それから二〇年後の永享八年には再び相論があり、再び湯起請が取られて今度は小松庄が勝った。その時の記録が先の「小松庄与音羽新庄与堺論目録」の古文書である。

このように両庄でたびたびの相論が繰り返された理由には、この時代に田畠や山野の開発が進展し、それまであいまいであった境界が問題化してきたためである。その背景には、この地の郡境（庄境）が大きな川や明瞭な尾根筋ではなく、外部の人の目にはっきり見えにくかったこともあるかもしれない。

石仏の造立についての仮説

南北朝・室町時代の他地域の石仏を立地で分けると、堂内に祀られる石仏、屋外に安置される石仏、岩場に刻まれる石仏などがある。その点から四十八躰仏を見ると、緩斜面に整然と配置されていることから、寺院の建物内に祀ろうとしたのではなく、当初より外に置くことを前提としていたと思われる。また、岩場に刻まれた磨崖仏や山中に安置された石仏とは異なり、修験道《しゅげんどう》的な要素も感じられない。そのような点から、寺院内の僧侶や修験道関係者とは異なる人たちの造立であったとすることができよう。

四十八躰仏は琵琶湖の西岸を南北に縦貫する街道の近くに建てられている点に立地の特徴がある。石仏を街道沿いに建てる事例は各地にあり、坂本から京都に向かう山中越えの道にも、先に紹介した山中の西教寺石仏、大津市の滋賀里に見世の大ほとけ（鎌倉時代）、京都市左京区の北白川に弥陀二尊石仏（鎌倉時代中期）が見られる。このような近隣の事例を参考にした可能性はあろう。

次に石仏の大きさについては、一般に時代の下降とともに小振りになる傾向がみられる。鵜川四十八躰仏は坐像ながら像高が約一・六ｍあり、大型の石仏といえる。上述の西教寺石仏は像高一・

四m、見世の大ほとけは像高三・四m、北白川の弥陀二尊石仏は像高一・二mで、それらと比べてもそれほど遜色はない。その点からも、ある程度、古い時代の造立だと推測される。

石仏の種類は、一般的には阿弥陀如来や地蔵菩薩がよく見られる。上述の西教寺石仏、見世の大ほとけ、北白川の弥陀二尊石仏はいずれも阿弥陀如来である。比叡山の西麓にあたる大原(京都市左京区)の三千院《さんぜんいん》にも大原魚山《ぎょざん》阿弥陀石仏があり、この地域には阿弥陀如来の石仏を造ることが広く見られたといえる。

北白川の石仏

四十八躰石仏の彫刻としての特徴の一つは、光背のない丸彫りであることにある。上述の石仏はすべて光背を持つ厚肉彫りの石仏であるが、それをなくすと鵜川四十八躰仏に似た像容になると想像される。数体で横一列に並べるだけなら光背がある方が仏像らしいが、四十八躰を一ヶ所に詰めて置く場合には、光背のない方が取り扱いやすかったと思われる。あるいは、大量の石仏を製作地から運搬するための工夫かもしれない。なお、京都東山の六波羅蜜寺《ろくはらみつじ》には鎌倉時代の丸彫りの弥陀石仏があり、丸彫りの石仏も皆無ではない。

この石仏群の最大の特徴は、四十八躰という数の多さにある。『近江輿地志略』が弥陀四十八願との意味づけを説いたように、数的にはそのような関連付けが可能である。ただし、一願ごとに阿弥陀仏一体を作る信仰は木造仏でも確認できない。近年の全国的な石仏研究を受けての石仏事典などを見ても、大型の丸彫り阿弥陀石仏が四八体も造られているところは他にない。複数の石仏という事例では、前述の北白川の弥陀二尊石仏が二尊を並座するのでさえ珍しく、一般には単独で造られるものである。

一八八〇年（明治一三）頃の村の生業を示す『滋賀県物産誌』によれば、鵜川村には「農の傍ら石工を事とするあり」と記される。南隣の北小松村には八軒が石工を業とするとされる。その南側の北比良村、荒川《あらかわ》村、木戸村では割石の産額も記されている。江戸時代に大津と京都三条を結んでいた東海道に敷かれていた車石《くるまいし》の調査では、滋賀郡北部の木戸石、青石、四宮《しのみや》付近（山科）の藤尾《ふじお》石、京都側の愛宕郡の白川石などが使われていて、木戸方面から大津まで船で運ばれた上で普請場に持って行かれたとされる。このように滋賀郡では北小松から木戸付近にかけて石工が多くいて、石材加工業が発達していた。おそらくそのような職人は江戸時代やそれ以前からいて、大型の石仏の造立も技術的には可能だと考えられる。

続・石仏の造立についての仮説

次に、境界との関係について考察する。先に見た古文書では、四十八躰仏が永享年間から庄境・

郡境の目印として意識されていた。そうであるなら、当初より庄境に置くために造立されたと考えることもできるかもしれない。村の入口などの境界は、外敵の侵入を防ぐために神などを祀るところとして意識されてきたことは、民俗学などにより明らかにされている。そのため、勧請《かんじょう》縄《なわ》が吊られ、地蔵尊などの石仏が祀られた。境界を別の視点から見ると、境界は双方に関係する場と見ることもできる。そのため、古代の街道の宿などは郡界に作られ、両郡から人を集めて運営された。これらのことから考えると、街道の郡界に阿弥陀四十八尊を安置することは、両郡に関わる人々の力を集めて、供養石仏を建てたと解することもできよう。

中世の荘園では、その四至《しいし》(東西南北の境界)に木杭が打たれたり、石を据えたり、塚を築くことがあった。牓示《ぼうじ》杭、牓示石などと呼ばれるものである。先の絵図や古文書では、郡境の目印として小坂、大杉、小杉、畳石、一本杉、置石が挙げられている。石仏の一般的な造立目的は先祖等の供養であるから、両庄に関わる供養が第一義にあり、その上で庄境の牓示としての役割を兼ね備えていたと見ることができるかもしれない。牓示に必要な要件は、その地の人に納得され、共有されることである。湖近くの大杉を補うものとしての石仏ならば、その要件に合致する可能性もあるだろう。

郡界・庄界・村界などの境界に石仏を建てる事例は、たびたび紹介する北白川の弥陀二尊石仏などがその事例になる。この石仏の立地するところは、山城国愛宕郡の旧北白川村と旧吉田村の境に当たる。街道沿いの村境に複数の石仏を造るという点では、四十八躰仏との共通項があるともいえる。

阿弥陀如来に対する信仰、地元住民の協力を得られる人物、庄境の牓示石としての機能を持たせたことなどから考えると、室町時代前期に音羽庄の荘園領主であった延暦寺に関わりのある僧侶などが願主になり、石仏の造立を勧めたと考えることもできようか。ただし、それでも四八体という数量の説明には充分ではない。また、造立年代は先の古文書より永享八年（一四三六）以前といえるが、上限については弘安三年（一二八〇）の絵図に裏書きの加えられた永和二年（一三七六）以降といえるのかもしれない。

続々・石仏の造立についての仮説

これまでに、街道、境界との関りで四十八躰石仏を解釈しようと試みてきたが、それだけではこれだけの石仏を作る動機付けにはまだまだ不十分である。もっと大きな理由があるのではないだろうか。阿弥陀像は西方浄土《さいほうじょうど》にいる仏像で、極楽往生を導く尊像として信仰され始めたが、やがて追善供養などでも祀られるようになった。その関係から注目できるのが、この付近で亡くなった歴史上の著名な人物の存在である。

古代に遡るが、天平宝字《てんぴょうほうじ》八年（七六四）九月一八日に高島郡三尾崎《みおがさき》で正一位《しょういちい》大師（太政大臣）まで登り詰めた恵美押勝《えみのおしかつ》(藤原仲麻呂《ふじわらのなかまろ》)が戦乱により敗死した。押勝は政治の権力闘争で孝謙《こうけん》上皇と道鏡《どうきょう》との勢力と対立し、平城京を追われて近江国を経由して越前に逃げるところを高島郡の三尾に追い込まれ、最後は船で湖上に出たところを斬られた。藤原仲麻呂の乱として知られる事件である。このような悲劇の人物を供養するためには、立派な阿弥陀石仏を造仏することは相応しいように感じられる。

三尾崎については、高島郡の鴨川河口の三尾から湖岸を南方に望んだ砂洲《さす》の先端である明神《みょうじん》崎《ざき》付近とされる。明神崎は白髭明神の鎮座する岬であり、四十八躰石仏の所在地に近似する。『続日本紀《しょくにほんぎ》』には「独《ひと》り妻子《めこ》三四人と船に乗りて江《え》に浮かぶ。石楯《いわたて》獲て之《これ》を斬る。及びその妻子、従(徒)党三十四人、皆之を江の頭に斬る」と記されていて、江(勝野鬼江《かちののおにえ》。現在の乙女が池)において追討軍の石村村主《いわむらのすぐり》石楯らにより、仲麻呂だけでなく、妻と子ら三・四人、同行の官人たち三四人(いくつかの伝本には四四人と記される)が犠牲になった。つまり約四〇人(あるいは約五〇人)がこの地で亡くなったということであり、仲麻呂一人でなく全員の供養をするためには四十八躰は相応しい数だとも言える。

それでは、石仏の像容から判断される南北朝から室町時代前期において、仲麻呂たちの供養塔を建てることのできた人物は誰なのか。仲麻呂に縁があって、経済的な負担に耐えられる人物を考えた時、一人の名前が浮かび上がる。仲麻呂は藤原不比等《ふひと》の息子である武智麻呂《たけちまろ》の子である。

不比等の子は四家に分かれ、武智麻呂は南家《なんけ》と呼ばれた。武智麻呂により創建された寺院に大和国宇智《うち》郡（現在の奈良県五條市《ごじょうし》）の栄山寺《えいさんじ》（元は前山寺《さきやまでら》）がある。この寺は南家の菩提寺であり、境内にある国宝の八角堂《はっかくどう》は武智麻呂の菩提を弔うために仲麻呂が建立したともいう。寺の背後の山には武智麻呂墓もある。この栄山寺に南北朝時代の終わりに南朝の後村上《ごむらかみ》（在位は一三三九～六八）・長慶《ちょうけい》（同一三六八～八三）・後亀山《ごかめやま》天皇（同一三八三～九二）の行在所《あんざいしょ》が置かれたと伝わる。行宮《あんぐう》の詳しい実態はよくわからないが、天授《てんじゅ》五年（康暦元年、一三七九）頃、長慶天皇は栄山寺行宮に住んでいたという。明徳《めいとく》三年（一三九二）の南北朝合一後も長慶は大和吉野に留まったが、後亀山は京都に出て嵯峨大覚寺《さがだいかくじ》に入り、応永《おうえい》四年（一三九七）には出家して隠遁《いんとん》生活に入った。応永一七年（一四一〇）には大和の吉野に行くが、応永二三年（一四一六）に大覚寺に還御し、応永三一年（一四二四）に大覚寺にて崩御《ほうぎょ》している。

この経過から、仲麻呂に関係する有力な人物として栄山寺行宮に住んだ歴代天皇、中でも京都に戻って大覚寺に入り、出家した後亀山天皇が浮かび上がる。政治の権力闘争に敗れたという点では、仲麻呂（その時の淳仁天皇）も後亀山も同じ境遇だったと言える。その仲麻呂たちの死の現場に供養墓一つないと知ったら、さぞ不憫《ふびん》に思えたのではないか。そのような心境から供養の石仏を造像することは、あながち皆無でないと思える。応永二〇年（一四一三）が仲麻呂の死去から六五〇年目であった。

後亀山の入った大覚寺には寺の東側に大沢池《おおさわのいけ》があり、その北西岸には平安時代後期から鎌倉時代にかけての石仏群が並んでいる。室町時代初期から今のような姿であったかはわからないが、複数体の石仏が並ぶ様子は人を惹きつけるものがある。この石仏の存在から仲麻呂たちの供養石仏の造立に発展したとするなら、洛東の白川の石工に発注した可能性も浮かび上がる。四十八躰石仏が白川石仏などに類似する様子ももっともなことだと思えてくる。

四十八躰石仏の石材について、地元の平出《ひらで》石材工業の平出直厚《なおあつ》さんにお尋ねしたところ、比良の石材であるという確証が得られた。ただし、前述のような転石ではこのような大型の石仏は難しく、山中にあった石材を切り出して浜に運び、そこで制作したものであろうということであった。そのようにして四十八躰を作るには、多くの職人と時間が必要だったと思われる。前述したように、比良の石工の資料は江戸時代に多数見られるが、それ以前については書かれた資料のないことから不明とされてきた。しかし、北小松の樹下《じゅげ》神社にある鎌倉時代後期の石造宝塔の石材についても、平出さんによると比良石とのことであるから、石を加工する職人は早い時代から居たと言えよう。また、江戸時代には白川石工と比良石工の連携を確認できるが、それ以前については不明とされている。その点についても早い時代から協力関係などの存在した可能性は充分にあろう。

大覚寺は各地に寺領の荘園を持っていて、近江にも橘荘《たちばな》（野洲郡）、田河《たがわ》荘内丁野《ようの》郷（浅井郡）があった。越前や越後にも荘園があり、京都との往来には琵琶湖の西岸や湖西路を通ったことであろう。その気になれば高島郡三尾崎の情報を入手することも難しいことではなかったと思われる。最期の地とされる勝野鬼江の直近に石仏を建てることは田畑などの私有地のために難しく、現地との交渉により可能であったのは街道沿いの土地境界であったということではなかろうか。

室町時代の比良庄絵図にすでに存在したであろう四十八躰石仏が描かれていないのは、この石仏群が荘民の直接的な信仰の対象物ではなかったためであろう。また境界の地物という位置付けでもなかったからだと推測できよう。高島郡側にも資料や伝承が残らないことは、この石仏群が地元とは利害関係のない人によって設立された可能性を示唆《しさ》するのではなかろうか。

今のところ、このような推測を裏付ける史料は見当たらないが、一つの可能性として提示しておきたい。

坂本の慈眼堂の石仏

坂本の慈眼堂にある一三体の石仏も、花崗岩製の丸彫りの阿弥陀座像である。墓地の西側（山側）の高台に一二体が等間隔で並び、一体のみ南側のはずれの奥まったところに配置される。像高は約一・五ｍで、一見しただけで「鵜川四十八躰仏」と同一の作品であると言える。慈眼堂の石仏については、『近江輿地志略』に載ることから、江戸時代中期以前に移されていたことがわかる。慈眼堂は天海《てんかい》（慈眼大師、天文五年？～寛永二〇年〈一五三六？～一六四三〉）の廟所で、正保

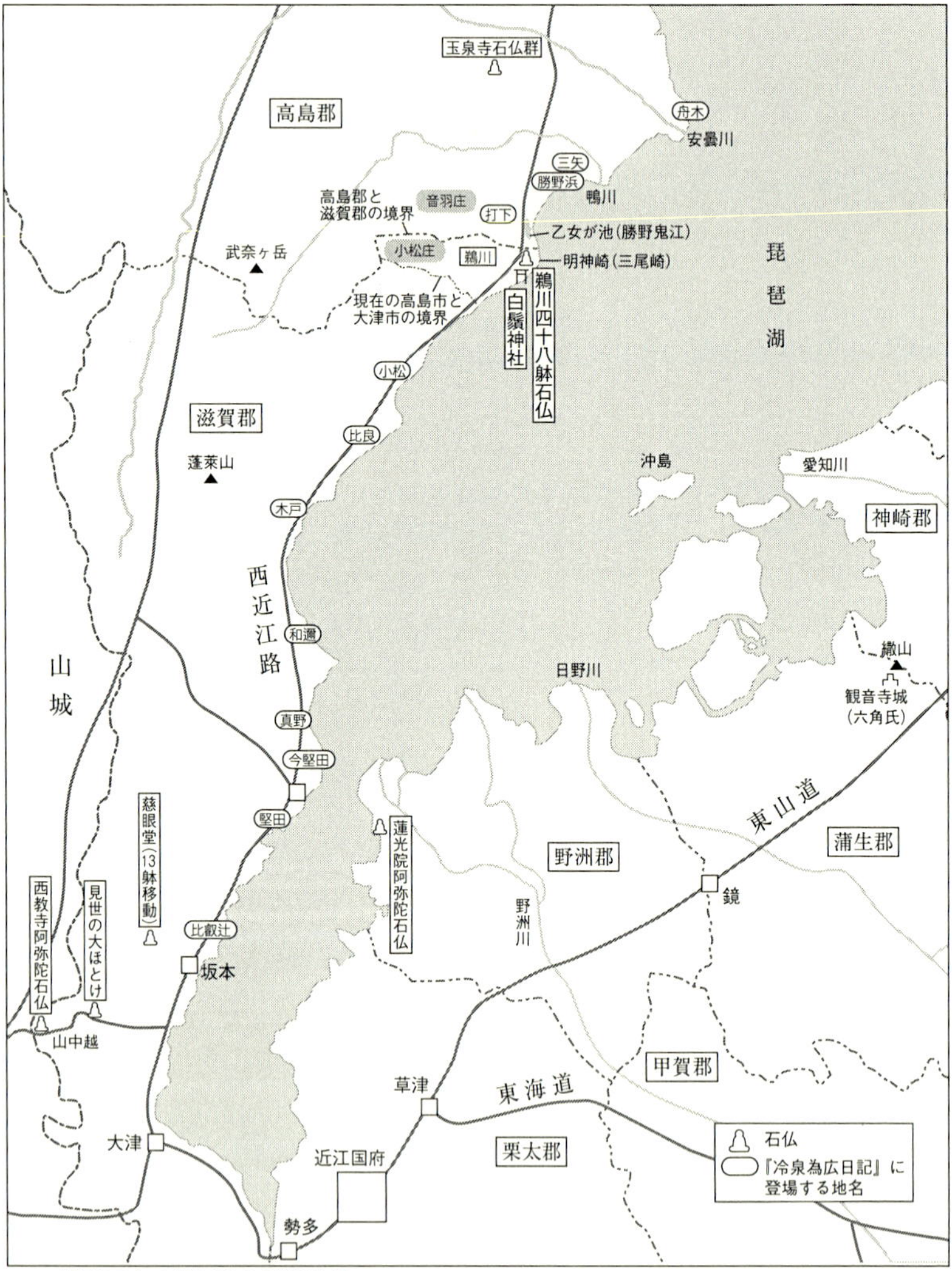

鵜川四十八躰石仏の関連地図

表６　鵜川四十八躰石仏の関連年表

年号	西暦	出来事
天平宝字８年	764	恵美押勝（藤原仲麻呂）が高島郡三尾崎で敗死（藤原仲麻呂の乱）「その妻子、従党三十四人、皆之を江の頭に斬る」（『続日本紀』）
永和２年	1376	弘安３年（1280）作成の相論絵図に裏書きを加えた絵図が作成される。室町時代の写しが残る。石仏の記載は見られない
応永20年	1413	藤原仲麻呂没後650年。この頃に石仏の造立か？
永享８年	1436	相論の記録に「四拾八躰之比（北カ）、小坂之一本杉、見宛之置石、至峯者限水落方杉」とある（伊藤家文書「江州志賀郡小松之庄与音羽新庄与境論目録」）
延徳３年	1491	３月４日、越後国に下向する細川政元に同行した冷泉為広の日記に（船で白鬚明神の方向へ進む途中）「次ニ廿八躰ノ石ノ阿弥陀アリ」（「為広越後下向日記」）
天文22年	1553	近江国守護の佐々木義賢が亡き母の供養のために造立と伝わる（宝永２年の『白鬚明神縁起』）
天正８年	1570	11月21日付け古証文に「当郡与高嶋郡境目之事、如先規、限北小坂・四十八躰、従此方申付条庄内得其意、田地等可令進退、若従（縦）打下より違乱之儀於有之者、急度可有注進、以御山林等可為同前之状、如件、」（伊藤家文書「鵜川浦船積論裁許目録」）
江戸時代前期		13体が大津市坂本の慈眼堂へ移される
宝永２年	1705	『白鬚明神縁起』が編まれる。「廿二年二月先妣の為とて石仏の／阿弥陀四十八体を彫刻して社近き／所にをく、今其所に庵あり、摂取庵／と名付く」（下巻の第13段詞書）
享保19年	1734	膳所藩の寒川辰清が『近江輿地志略』を執筆。「土俗云ふ天文二十二年佐々木義賢先妣の為に石仏の弥陀を建立す。（中略）寺あり摂取庵と号す」
大正11年	1922	『滋賀県史蹟・名勝・天然紀念物調査報告概要』で文化財的に調査・記録
昭和14年	1939	『滋賀県史蹟調査報告　第八冊』で調査・報告
昭和36年	1961	４月26日、「鵜川四十八躰仏」の名称で滋賀県指定史跡に指定
昭和62年	1987	10月、２体が盗まれる

慈眼堂の石仏

三年（一六四六）に建てられたものである。堂の西側の墓所には、桓武《かんむ》天皇、後陽成《ごようぜい》天皇、新田義貞《にったよしさだ》、歴代輪王寺宮《りんのうじのみや》（天台座主《ざす》）などの供養塔がある。慈眼堂の建物と墓地との関係を見ると、慈眼堂の建物に合わせて西側の一画に墓地が造成され、その一段高所に一二体の石仏が等間隔に配置されているように見受けられる。その点から、建物の建築とほぼ同時期に石仏の移転がなされた可能性が推測できよう。一二体の石仏を並べた後に、もう一体の石仏を加えて一三仏とし、それ以上に移動させる必要がなくなったことから、現地に作業の中断を申し入れたと考えてみてはどうだろうか。石仏の移転の理由としては、鵜川の摂取庵がおそらく天台宗の寺院であったために可能だったと思われる。

慈眼堂の石仏は文化財指定をされていない。鵜川四十八躰石仏と同様の価値があると認められるなら、市や県の文化財指定が望まれる。

第七章　中世石造物

荘園絵図に描かれる中世「石造美術」

西浅井町（現長浜市）の菅浦《すがうら》と大浦《おおうら》は琵琶湖の北部の村で、両村の境相論に当たって「近江国菅浦荘与《と》大浦下荘絵図」（菅浦文書）が作成された。乾元《けんげん》元年（一三〇二）の年記をもつが、南北朝期の作と考える説も出されていて、論者により一致を見ていない。絵図の下半分には琵琶湖に浮かぶ竹生《ちくぶ》島が大きく描かれ、宝厳寺《ほうごんじ》と都久夫須麻《つくぶすま》神社が並んで描かれる。島の最南端、都久夫須麻神社の鳥居の先端の岩上に石造宝塔が描かれる。なお、室町時代末期の「竹生島祭礼図」（東京国立博物館所蔵）には、同じ位置に五輪塔形に近い相輪を持つ石塔が描かれ、本殿の右奥にも先端が宝珠の五輪塔型の石塔が二基並んで描かれている。江戸時代前期の「竹生島祭礼図」（大和文華館所蔵）には、鳥居の前方に塔形不明の石塔が描かれている。

「近江国菅浦荘与大浦下荘絵図」の竹生島部分トレース図（長浜城歴史博物館編『菅浦文書が語る民衆の歴史—日本中世の村落社会—』p.10、2014年）

竹生島の石造宝塔

「竹生島祭礼図」（部分、東京国立博物館蔵、ColBase より）

竹生島の石造宝塔については田岡香逸氏の研究があり、一九七〇年（昭和四五）四月の調査時には、基礎と笠だけが残っていて、基礎の上には後補の五輪塔の水輪があり、笠は北側に横転していたという。基礎は高さ四六・五cm、幅は一〇四cmで、側面は南面が素面で、他の三面には輪郭を巻き、格狭間《こうざま》を入れ、その内部は東側が素面で、他の二面は宝瓶三茎蓮《ほうびょうさんけいれん》を飾っている。素面の南面には中央に蓮華座《れんげざ》上《じょう》舟形《ふながた》輪郭を彫り込み、内に定印の弥陀坐像を刻出している。笠は高さ五六cm、幅九九cmである。基礎と笠とは大きさや構造手法から一具のものと考えられ、元来は総高二七〇cmの九尺塔であったと推測される。造立年代は、一二九〇年代後半ごろと推定できると、まとめておられる。おそらくこの石塔が菅浦文書の絵図に描かれた石塔だと考えられる。

比良山系の西側、安曇川上流部に位置する葛川《かつらがわ》（大津市）を描く「葛川与《と》伊《い》香《か》立《だち》庄相論絵図」（彩色絵図）（明王院《みょうおういん》蔵）には、明王院と地主《じしゅ》神社が詳しく描かれている。鎌倉時代後期の文保《ぶんぽう》二年（一三一八）の作成である。地主権現の境内社である大行事社の東側には数段の石積みが描かれ、「如塔」と注記されている。同様の石積みは本堂の東側にも二基あり、その周囲を低い柵か塀のようなもので四角く囲っている。この石積みについては、「如法経塔」と解する研究もある。同所を描く「古参詣絵図」、「近世参詣絵図」（明王院蔵）には、地主神社境内と明王院境内に五輪塔形の石塔が各一基描かれている。

　葛川の「石造美術」については田岡香逸氏の研究があり、地主神社には鎌倉時代後期前半を下らぬ時期の造立とされる宝塔、康永《こうえい》四年（一三四六）在銘の宝塔がある。明王院には、正和《しょうわ》元年（一三一二）の宝篋印塔、嘉暦《かりゃく》三年（一三二八）の宝塔、暦応《りゃくおう》二年（一三三九）の宝塔、応永《おうえい》一六年（一四〇九）の宝篋印塔がある。このうち正和元年宝篋印塔、嘉暦三年宝塔には当寺を中興した頼玄の名前が刻まれている。先に見た文保の絵図には石積みは見られたが、宝塔や宝篋印塔は描かれていない。

伊香郡西浅井町黒山の中世「石造美術」

はじめに

ＪＲ湖西線永原《ながはら》駅の西方、西浅井町（現長浜市）黒山《くろやま》には中世の「石造美術」がたくさんある。黒山の「石造美術」を見た時に浮かんだ疑問は「なぜ近江の石造美術の中心からほど遠い湖北の山里に、こんなに石造美術が集中しているのか」ということであった。ところが黒田日出男《くろだひでお》氏の「広義の開発史と『黒山』」という論考に接し、先の疑問を解く手掛かりを感じた。そこで黒田氏の論稿を紹介し、西浅井町黒山の「石造美術」を考えたい。

広義の開発史と「黒山」

黒田氏の論稿は、従来なされてきた水田中心の耕地の開発史を狭義の開発史と規定し、山野河海を対象にした広義の開発史への視野の拡大・転換の急務を指摘しておられる。このような問題意識の下で未開発地名としての「黒山」に注目された。氏の『平安遺文』等の分析によれば、①「黒山」は平安時代には四至の境をなすような山であり、②他界とこの世の境界をなす、両義的な墓所であり、③自然の原生樹林におおわれた未開発の地であった。④このような境界としての

「黒山」では、「黒」が境界の色彩象徴をなしていたという。このように「黒山」は、日本古代においてタブー視された山であった。しかし、平安時代を通しての「黒」色のシンボリズムの後退にともなって「黒山」をタブー視する自然＝社会観の衰退が始まり、「黒山」が中世的山地開発の対象とされるようになってきたというのである。氏の「開発」の把握に付言すれば、開発とは、実態的には、未開発地名に照応して自然を消滅・変更させる過程であり、観念的には、未開発地名に結びついた自然＝社会観が否定ないし克服されていく過程だという。

黒山の石塔群

黒山の「石造美術」

西浅井町黒山の「石造美術」について、田岡香逸氏の論稿と清水俊明氏の著書を参考に紹介する。黒山の東光院の境内左側には石塔四基が並んでいる。向かって右から五輪塔（六尺塔、一三〇〇年頃）、三重層塔（七尺塔、一三〇五年頃）、五重層塔（もとは九重か一三重、一三一〇年頃）、五重層塔（八尺塔、一二九五年頃）である。更に黒山出所の層塔が兵庫県宝塚市にもあり、黒山には都合四基以上の層塔があったという。この他にも東光院には五輪塔や宝篋印塔の残欠が多数ある。

また、湖西線永原駅から黒山に向かう道の途中に、嘉元二年（一三〇四）在銘の二尊磨崖仏がある。このように、西浅井町黒山の地には中世鎌倉後期に豊かな「石造美術」の文化があった。

黒山の「石造美術」の背景

それでは〝なぜ〟黒山に「石造美術」が集中したのであろうか。田岡氏は先の論稿で、「黒山や大浦に優れた古い遺品が残っているのは、かつての交通の要衝であったからであろう」と述べられている。

黒山は、かつては大浦と海津を結ぶ交通の要衝であった。現在使われている大崎の先端を廻る国道三〇三号線の道路が開通（一九三六年）する以前、黒山の万字《まんじ》峠を越える道が大浦と海津を結ぶ唯一の陸路であった。この万字峠には地名説話があり、『近江輿地志略』（寒川辰清編、一七三四年）によると、峠には万字塔と呼ばれる大石があり、伝えるところによると弘法大師が石に卍を刻んだため、万字峠と呼ぶようになったという。

ところで、田岡香逸氏は中世の石塔や石仏が造立される場所として、次の三つの場合を考えられている。第一は埋め墓であり、第二は交通の頻繁な道路沿いの地であり、第三は霊地霊場として信仰の篤い場所である。黒山の「石造美術」は、前述の交通の要衝だという点から考えると、田岡氏のいう第二の場合のようにも感じられる。しかし、古代から中世にかけては陸上交通より

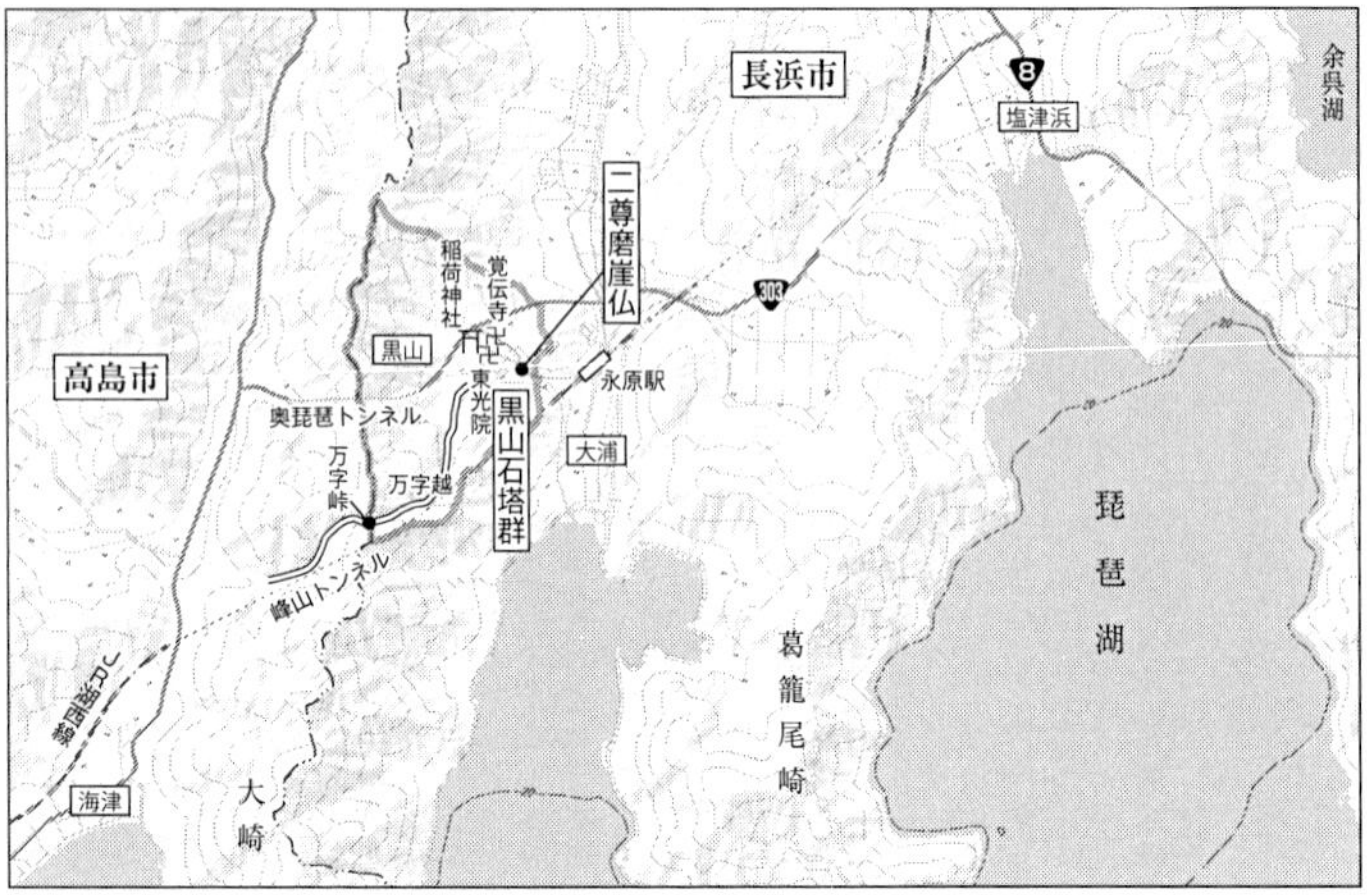

黒山周辺地図（国土地理院サイト地図に文字などを追加）

も湖上交通の方が予想以上に盛んだったという。大浦も海津も、また塩津も湖上交通の活況により成立した港である。それに、黒山の「石造美術」は数量も多数であり、峠にあるのではなくて集落内の東光院にあるのである。これらの点を考慮すると、黒山の「石造美術」が交通の頻繁な道路沿いの地に造立されたものと考えることはできない。

そこで考えられるのが第三の霊地霊場説である。この説の例は、高野山奥の院や大津市坂本の西教寺墓地などである。それでは黒山の場合、東光院が霊地だといえるだろうか。東光院は開基不詳、近世初頭を伝える真言宗寺院であるが、特別な聖性の存否は不明である。

ここで前述の黒田日出男氏の論稿を思い出してほしい。「黒山」は古代において境界であり、未開発地であり、聖地であった。それが平安末期以降、開発が進み、聖性が否定されていったというのである。この黒田氏の「黒山」＝聖地説を、黒山の「石造美術」と結びつけるのは短絡的、論理の飛躍であろうか。確かに、黒山は村落名であり、「黒山」は黒い山の意であろう。そして時代的にも黒山の「石造美術」は鎌倉後期のものであり、すでに「黒山」＝聖地が否定された時代である。しかし、山名が村名に転化する場合もあり、開発が全国一斉に開始されたわけでもあるまい。とするならば、黒山が聖地であったために「石造美術」が建立されたと考えることもあながち無理ではない。その場合に注目できることは、東光院の古仏であり、万字峠の地名説話であり、大浦という港の存在であり、大浦谷の西端に位置することである。古仏に関しては概要も未確認であるが、阿弥陀堂にあるということから阿弥陀像（または阿弥陀さんと伝えられている仏像）であろうし、阿弥陀信仰ということから考えると平安後期の仏像であろうか。もしそうだとして、この仏像が当初からこの地にあるとするならば、黒山の地は平安後期に聖地性をもっていたことになる。また万字峠に弘法大師の地名説話があることと、東光院が真言宗寺院であることを考え合わせるならば、真言念仏のイメージも浮かんでくる。そして大浦という港の存在が、「石造美術」の経済的基盤として想定されよう。

まとめるならば、現西浅井町黒山は、古代において未開発地の黒い山であり、当時の人々の意識にあっては未開発地の原生林の故に他界への入口として意識された。古代末期から中世初頭「黒山」の聖性が否定され始める頃に阿弥陀信仰が入ってきて、古代的聖性としての「黒山」から中世的聖性としての黒山に変質したのではなかろうか。

中世前期の仏教革新運動の進展により、この地にも真言系(あるいは真言律か)の聖が進出し、黒山の阿弥陀堂が聖地に昇華されていったのであろう。彼らは大浦と港に集まる人たちや、西方に黒山の阿弥陀信仰をもつであろう大浦谷の人たちに石塔勧進《かんじん》を行ない、前述のように多数の石塔が黒山の阿弥陀堂付近に造立されたのであろう。この頃には峠を越えて西麓のマキノ町方面にも、黒山の名は広がっていたと考えてよいと思う。そしていつしか、峠は万字峠と呼ばれ、前述のような地名説話が付会されたのであろう。

おわりに

西浅井町黒山の豊かな「石造美術」について、以上のような歴史的環境を想定してみた。仮説の積み重ねで心許ないが、黒田日出男氏、田岡香逸氏らの研究に導かれながら苦闘を試みてみた。

最後にもう一言付言するならば、一三世紀末に始まる大浦と菅浦の境相論のちょうどその折に、大浦谷の一画の黒山に多数の「石造美術」が造立されたことは、菅浦の歴史研究においても注目すべきことだと考える。

湖東地方の中世「石造美術」──村落生活における「石造美術」造立──

はじめに

滋賀県下には、古代に作られた石塔寺《いしどうじ》三重層塔（旧蒲生町）、狛坂磨崖仏《こまさかまがいぶつ》（栗東市）を初めとして、数多くの優れた石塔・石仏が存在する。特に中世の石塔・石仏は質・量ともに他県を圧倒し、懸《かけ》所《しょ》宝塔（守山市）、廃少菩提寺《はいしょうぼだいじ》多宝塔（旧甲西町）、比都佐《ひつさ》神社宝篋《ほうきょう》印塔（日野町）、河桁御河辺《かわけたみかべ》神社石灯籠（旧八日市市）、香炉岡《こうろおか》弥勒石仏（大津市）など、全国的にみても優れた遺品が存在する。遺品の正確な数量は明らかでないが、全国に約五千基あると推測される宝篋印塔が県下に約千基あり、全国に約五百基あると推測される宝塔が県下に約三百基あるという。さらに、層塔・石灯籠の数も滋賀県は日本一多いという。数量の多さだけでなく、近江式装飾文と呼ばれる蓮華文《れんげもん》・孔雀文《くじゃくもん》の発達も、滋賀県下の石塔・石仏の特徴である。このように質・量ともに全国に卓越する県下の石塔・石仏も、関東を中心に約五万基あると推測される板碑《いたび》や、全国各地に普遍的に存在する五輪塔《ごりんとう》がほとんど造立されていないという特徴も併せ持っている。

このような滋賀県下の石塔・石仏のさまざまな特徴は、これまでの長い調査・研究の中で徐々に明らかにされてきたものである。その調査・研究史を簡単に整理するならば、一九二〇年代の県下各郡の郡史・誌類に始まり、一九三〇年代以降からの川勝政太郎《かわかつまさたろう》氏の長年にわたる調査・研究、一九六五年から始まる田岡香逸《たおかこういつ》氏の精力的な調査・研究を主要なものとし、その他にも、景《かげ》山春樹《やまはるき》氏の慶長以前の金石文《きんせきぶん》資料（金属や石に記された文字資料）の網羅的調査、池内順一郎《いけうちじゅんいちろう》氏の蒲生・甲賀・神崎郡各町の調査などがあげられる。これら先学の調査・研究により、先に記した数量・装飾の諸特徴が明らかにされたが、石塔・石仏の形態論からさらに一歩を踏み込んで近江の中世史との係わりを追及したのは田岡氏である。田岡氏の研究は後述するとして、これまでの全国各地の石塔・石仏の調査・研究に総じて言えることは、形態論的・様式論的研究が中心で、それらの造られた地域との関係についての歴史的考察が概して少なかったことである。このことは、石塔・石仏研究だけの問題でなく、従来の歴史学の史料論、研究視点にも大きな問題があった。

廃少菩提寺多宝塔

　ところで、ここ数年、歴史学においても文化財保護との係わり、史料論の深化の中で石塔・石仏を「歴史資料」として位置づけ、地域史・宗教史研究が進められるようになった。その好論が板碑を史料とした東国の地域史の研究であり、律宗西大寺《りっしゅうさいだいじ》派の諸研究である。滋賀県下の石塔・石仏に関しても、満田良順《みつだりょうじゅん》氏の好研究が発表された。満田氏の研究は、石塔・石仏を美術様式論としてではなく、信仰史の対象としてその造立の社会的・信仰的背景を明らかにしようとするものである。本稿においてもこの視点を継承し、中世の一三世紀後半から一四世紀に滋賀県の湖東地方に多数の石塔・石仏が造られた理由を、造立階層・信仰状況・社会状況の各方面から明らかにし、湖東地方の地域性を探ろうとするものである。

一　村落住民による「石造美術」造立

「石造美術」の造立階層

日本全国の「石造美術」を調査・研究した川勝政太郎氏によると、「石造美術」は地方豪族、地方武士の造立によるものが最も多く、次いで公家層や上級僧侶によるものが多いといい、武士層の場合には宝篋印塔・五輪塔・板碑が多く、僧侶の場合には無縫塔《むほうとう》・五輪塔・宝篋印塔が多くみられるという。それでは湖東地方の「石造美術」造立は如何なる階層に担われていたかを、以下にみてみよう。

一三世紀前半の造立と推定される石塔寺層塔は、無銘ながら公家層の参加が推測される遺品である。いうまでもなく、石塔寺は古代の石造三重層塔を中心に無数の五輪塔が並ぶ寺院であるが、この寺は平安後期以降、阿育王《あいくおう》伝説の寺として公家・僧侶の阿育王信仰の日本における聖地となっていて、嘉応《かおう》二年（一一七〇）三月の平信範《たいらののぶのり》の参詣もその信仰に基づくものと考えられる。このことから、この一三世紀前半の層塔に関しては阿育王信仰に集まった公家層の参加が充分に推測される。しかし、同じく一三世紀前半の延応《えんおう》二年（一二四〇）在銘の大蔵寺《おおくらでら》十三重塔（奈良県宇陀《うだ》市）が「道俗三千余人」の参加により造立されていることから、石塔寺層塔の場合も公家層だけでなく、幅広い階層からの多数の道俗人《どうぞくじん》（僧侶と俗人）の参加が推測される。

徳源院宝篋印塔群

次に、武家層の「石造美術」造立の代表的な例として、中世の石塔がずらりと並ぶ徳源院《とくげんいん》宝篋印塔群（旧山東町）があげられる。これは江北《こうほく》三郡の守護権を実質的に所持していた佐々木《ささき》京極《きょうごく》氏の一八代にわたる供養塔群である。いうまでもなく、京極氏は佐々木本宗家である六角氏の分流で、徳源院清瀧寺《せいりゅうじ》も京極氏の初代京極氏信《うじのぶ》が本拠の柏原《かしわばら》庄に創立した菩提寺である。この他に、武家層の造立と推測されるものに、川勝氏のいう「沙弥」名を銘文にもつ、里口《さとぐち》八幡神社宝篋印塔（日野町）・

金堂《こんどう》五輪塔（旧五個荘町）・日雲《ひくも》神社石灯籠（旧信楽町）や、「願主左衛門尉景光《さえもんのじょうかげみつ》」の銘文をもつ仏法寺《ぶっぽうじ》宝篋印塔（旧中主町）、在地小領主の黒川《くろかわ》氏墓所（旧土山町）などをあげることができるが、鎌倉時代後期に守護代―郡守護体制を完成させていた近江の守護・地頭層の各人の供養塔の究明は今後の課題である。

僧侶の造立としては、「願主法眼如意」の銘文をもつ松尾寺《まつおじ》九重層塔（旧米原町）、「大勧進［　　］」の銘文をもつ最勝寺《さいしょうじ》宝塔（旧水口町）など多数があげられる。また、塔形・所在地から推して善勝寺《ぜんしょうじ》無縫塔（旧能登川町）も僧侶の造立だと考えられる。これら僧侶の造立による「石造美術」には、廃少菩提寺多宝塔のように、願主が「僧良全」でありながら、施主が「日置氏女」であるように、「石造美術」の造立背景に武家・公家の経済援助が推測される。

ところで、この節の初めに紹介した川勝政太郎氏の論文によると、一三・四世紀の「石造美術」の造立主体は武家層・公家層・僧侶が中心であるが、名主層が造立したものも存在するとされている。川勝氏は、「一結衆《いっけつしゅう》」の銘文に注目され、「一結衆」がどのような人々から構成されているのかは不明だと断りながらも、そのなかには名主層の人々による「一結衆」もあると推測されている。

湖東・湖南の多数の「石造美術」の中にも、この「一結衆」によるものがいくつか存在する（表6）。その中には、延光院《えんこういん》宝塔や妙楽寺《みょうらくじ》十三重層塔、石部《いしべ》神社石灯籠のように「一結衆」の上に

表7　一結衆等による石造美術一覧

年号	西暦	塔　形	所在地	寺社名	銘　文
徳治2	1307	宝塔	近江八幡市島	延光院	□島一結衆
延慶元	1308	宝篋印塔	日野町村井	信楽院	一結衆敬白
正和4	1315	宝塔	日野町鎌掛	正法寺	一結□敬白
正和5	1316	宝篋印塔	甲南町杉谷	勢田寺	一結衆造立之
正和5	1316	宝塔	竜王町島	八幡神社	一結衆造立之
文保2	1318	宝塔	蒲生町鈴	吉善寺	大願主一結衆
正中3	1326	層塔	竜王町薬師	妙楽寺	薬師一結衆
嘉暦4	1329	宝篋印塔	日野町別所	盛願寺	一結衆等敬白
暦応2	1339	石灯籠	竜王町七里	石部神社	七里一結衆
康永4	1345	五輪塔	甲西町岩根	常永寺	一結衆敬白
貞和5	1349	五輪塔	蒲生町石塔	石塔寺	大森之廿五三 昧一結之衆
正安元	1299	宝篋印塔	日野町北畑	八幡神社	村人敬白
正和元	1312	宝篋印塔	日野町中在寺	広照寺	大谷　山本

村名が付くものがある。これらは、その村の住民が結集して造塔したことを意味している。これと同様に、「村人敬白」とある北畑八幡神社宝篋印塔や、村名のある広照寺《こうしょうじ》宝篋印塔も、村の住民が結集して造立したものと推測できる。このような村落住民の結集による「石造美術」造立は、湖東地方以外の地域においても見られ、例えば湖西の葛川谷《かつらがわだに》の明《みょう》王院《おういん》（大津市）には「四村念仏講」による宝篋印塔（正和元年〔一三一二〕）が存在し、京都の大原来迎院《らいごういん》区（京都市左京区）所有の五輪塔（弘安九年〔一二八六〕）には「同村合力」の銘があり、南山城の木津《きづ》惣墓《そうばか》五輪塔（京都府木津川市、正応五年〔一二九二〕）には「勧進五郷甲乙諸人」

とあって、五郷の住民の参加により造立されている。もちろん「一結衆」の銘をもつ「石造美術」のすべてが村落住民だけにより造立されたと考えることはできないし、村落住民の中にも階層のあったことは事実であるが、早くも一三世紀末から畿内および近国で、村落住民が中心になって造塔が行なわれていたことは注目に値する。

「石造美術」の造立位置

前項でみたように「石造美術」の造立主体は公家層・武家層・僧侶・村落住民の各階層にわたっていたが、造立階層とその造立位置・種類の関係を次に探ってみよう。

層塔の造立主体は公家層・僧侶・村落住民のいずれにもみられた。そもそも層塔は古い時代には仏舎利《ぶっしゃり》塔として伽藍《がらん》の中心建造物であり、仏教寺院と不可分の関係にあった。それゆえ、石造層塔も木造層塔と同様に、多くの場合は伽藍の塔として造立されたと考えられる。そこで湖東・湖南地方に残存する石造層塔の分布をみると、墓地や神社にも若干は存在するが、その大半は仏寺に存在する。その仏寺の性格は、過去に木造層塔を所持していた常楽寺《じょうらくじ》・長寿寺《ちょうじゅじ》（以上、旧石部町）・百済寺《ひゃくさいじ》（旧愛東町）・金剛輪寺《こんごうりんじ》（旧秦荘町）・西明寺《さいみょうじ》（甲良町）などの仏寺には石造層塔の一部さえ残っていないのに対し、古い歴史を持つが木造層塔を所持しえなかった東門院《とうもんいん》（守山市）・金剛定寺《こんごうじょうじ》（日野町）・瓦屋寺《かわらやじ》（旧八日市市）・松尾寺《まつおじ》（旧米原町）などの仏寺には石造層塔が存在する。

また、康元《こうげん》元年（一二五六）に本堂が建立された円光寺《えんこうじ》（旧野洲町）にも同時代の石造層塔が存在し、ここでも層塔と仏寺の密接な関係が首肯される。また、南山城の岩船寺《がんせんじ》（京都府木津川市）では、承久《じょうきゅう》三年（一二二一）の伽藍焼失後、一三世紀後半に石造層塔が造立され、その後一四世紀後半に至って木造層塔が再建されている。これらの例から、石造層塔の大半は仏寺の伽藍塔として造立されたと推定できる。それゆえ、造立主体の相違はその仏寺の性格の相違によると考えられる。

次に、宝塔・多宝塔も仏寺を中心に存在しているが、層塔とは異なり、金剛輪寺・西明寺・長寿寺などの仏寺にもみられる。このうち西明寺宝塔には「奉造立如法経塔」の銘文があり、廃少菩提寺多宝塔にも「為如法」の銘があることから、宝塔と如法塔との密接な関係が推測できる。

円光寺層塔

それは、洛北の毘沙門《びしゃもん》霊場である鞍馬寺《くらまでら》（京都市左京区）の経塚《きょうづか》に現存最古の石造宝塔が造立されていることや、「山王二十一社 並《ならびに》 末社八十七社絵図」（室町時代末期）に「石塔如法経納」と注記された宝塔が描かれていることからも裏づけられる。また、元徳《げんとく》三年（一三三一）の「祇園社《ぎおんしゃ》境内絵図」には境内東端の小円丘上に「如法経《にょほうきょう》塔」と注記された五輪塔形の石塔が描かれているし、一三世紀末には常楽寺にも「如法経塚」があり、中世の天台系寺社には如法経塔・如法経塚が広く普及していたことが知られる。なお、これらの宝塔は僧侶が願主となっている場合が多い。

宝篋印塔の場合は、層塔・宝塔と比較して由緒ある寺院には少なく、むしろ村落の仏寺、墓地に数多く造立されている。これは、宝篋印塔が主に追善・逆修《ぎゃくしゅ》塔として造立されたことに関係している。宝篋印塔の造立階層には武家層・村落住民などがみられるが、徳源院の京極家石塔群にみる如く武家層の場合は菩提寺の一画に墓地として造立したと考えられる。

五輪塔に関しては、近江にはほとんどその遺品がなく、明確な特徴は指摘できない。他地域の場合は、山城・大和・河内では、木津惣墓五輪塔・忍辱山《にんにくせん》墓地五輪塔（奈良市）・寛弘寺《かんこうじ》神山《こうやま》墓地五輪塔（大阪府河南町）のように惣墓＝共同体墓地の総供養塔として村落住民により造立される場合や、西大寺奥院《おくのいん》叡尊《えいそん》五輪塔（奈良市）・極楽寺《ごくらくじ》忍性《にんしょう》五輪塔（鎌倉市）のように僧侶の墓塔としても造立されている。

石灯籠に関しては、これまでに述べた石塔類とは異なり、神社に数多く存在している。それらの神社は、式内社に比定される古社もあるが、その大半は式外社で、旧の村社格の神社である。石灯籠の造立主体は必ずしも明確にしえないが、村落住民や村落の神社に関わりのある僧やその勧進によるものが多い。神社以外には、石灯籠が仏寺から神社に普及したことが示すように、歴史のある仏寺に数多く残っている。

これまでにみてきたように、「石造美術」の造立位置と造立種類との関係は、層塔・宝塔―仏寺、宝篋印塔・五輪塔―墓地、石灯籠―神社という一般的な対応関係が指摘できる。見方を変えるならば、歴史のある仏寺―層塔・宝塔・石灯籠、村の仏寺―層塔・宝篋印塔、墓地―宝篋印塔・五輪塔、村の神社―石灯籠という対応関係になる。また、造立主体から見るならば、公家・武家―層塔・宝篋印塔、僧侶―層塔・宝塔・五輪塔・石灯籠、村落住民―層塔・宝篋印塔・五輪塔・石灯籠ということになる。

村落住民による「石造美術」造立

これまでに村落住民による「石造美術」の造立があること、その場合の「石造美術」の種類と造立位置をみてきたが、次にはその分布の特徴をみてみたい。

田岡香逸氏の研究によると、近江における「石造美術」の分布は、鎌倉時代中期には湖南地方に多く、後期になると湖東地方に多くなる。そして、後期における湖東地方の分布は旧蒲生郡に集中していて、在銘遺品は日野町に最も多く、以下、旧蒲生町・旧八日市市・近江八幡市・竜王町・旧安土町の順だという。これを地図上に点を落として調べてみると、日野町・旧蒲生町の日野川右岸と旧八日市市西部から近江八幡市南端にかけての地域は分布が密で、佐久良《さくら》川流域や布《ぬの》引《びき》丘陵北麓・竜王町域は疎であり、近江八幡市の平野では皆無に等しいことがわかる。

高木神社石灯籠

次に、分布密度を「石造美術」の種類別にみると、層塔は絶対数が比較的に少なく、その分布は日野川中流域（旧蒲生町付近）に比較的に集中していて、それ以外は点在している。宝塔も絶対数が少なく、石塔寺・西明寺（日野町）などの仏寺に存在し、その他には日野川上流域（日野町）・竜王町に比較的に集中している。宝篋印塔は絶対数が多く、その分布は日野川中・上流域・佐久良川流域を比較的に密として、ほぼ全域に分布している。五輪塔は、石塔寺とその近隣に少し存在するだけである。石灯籠は宝篋印塔に次いで数が多く、その分布はほぼ全域に拡散していて、しいて言うならば日野川中流から旧八日市市西部・近江八幡市南端地域に集中傾向がみられる。

また、別の視点から分布密度をみると、旧八日市市西部・旧蒲生町・日野町では、およそ三分の二以上の集落に、一三・四世紀の「石造美術」が残存する。一五世紀以降の開発集落を考慮するならば、蒲生郡南部地域に一三・四世紀当時に所在した集落のほとんど全部に「石造美術」が造立されたといえる。この分布を「石造美術」の種類との関連でみると、旧八日市市西部では石灯籠の比率が高く、日野町では宝篋印塔・宝塔の比率が高い。前項でみたように、主として村落の神社に造立される石灯籠が分布する地域と、主として村落の仏寺や村落・個人の墓地に造立される宝篋印塔が分布する地域とでは、その社会状況が相違すると考えられる。ここでの場合の相違を言うならば、旧八日市市西部では村落住民の共同体結合が強く、その精神的紐帯《ちゅうたい》ともいうべき村落の神社に石灯籠が造立されたが、墓地への石塔造立には村落住民相互間による規制の力が作用したと考えられる。それに対し、日野町では村落住民の共同体結合が弱く、それゆえ村落の神社に石灯籠が造立されることも少なく、むしろ村落の有力者の供養塔として宝篋印塔が多く造立されたと考えられる。このことは、日野川上流右岸の地は水利が悪く、未開地が遅くまで広がっていたと考えられることや、鎌倉時代に日野谷に移ってきたという蒲生氏の一族が各谷に分散していたことからも裏づけられる。つまり、村落共同体の発達していた旧八日市市西部地域と小開発が盛んで小領主が点在していた日野町域との社会状況の相違が、「石造美術」の相違になって表れたと考えられる。

それでは、今、仮定的に述べたような村落共同体結合や神社への強い信仰が、湖東地方とりわけ蒲生郡中部に如何に存在したかを、次節以下でみてみたい。

二　村落住民の仏教信仰

村落の宮と堂

湖東地方の五万分の一地図を眺めると、ほとんど全部の集落に寺院記号と神社記号が見出せる。それらの寺院の大部分は近世前期に開創もしくは再興したと伝え、古代・中世に遡る歴史をもつ寺院はほんのわずかである。それに較べ、神社の歴史は不明である場合も多いが、古文書・金石文などにより中世後期まで遡りうる神社も数多く存在する。また、建造物に目を向けるならば、寺院建造物には中世に遡る遺構が西明寺・金剛輪寺・長命寺などの学問としての寺院に多く、住民生活に結びついた集落内の寺院には少ない。それに較べ、神社建造物には古代からの格式をもたない式外社にも中世に遡る遺構が数多いのみならず、式内社においても村人の参加により社殿が造営されている。つまり、中世の湖東地方には、集落内には寺院がなく、集落から離れた山腹・山麓に学問としての寺院が散在し、神社は比較的に密に分布していたということになる。

しかし、旧八日市市における平安・鎌倉時代の仏像の分布をみるならば、決して学問としての寺院に集中しているわけでなく、むしろ数多くの集落内の寺院に点在している。このことは、湖南地方の草津市においても認められ、特に平安時代の仏像に本地仏《ほんじぶつ》が多いのが特徴とされる。いうまでもなく、本地仏とは神仏習合思想から生じたものであり、本地としての仏像を神宮寺や神社に祀ったものである。このような神社と神宮寺の関係は、例えば「神護寺領紀伊《きい》国挊田荘《かせだのしょう》図」に「八幡宮」の境内に「堂」をみる如く、湖東地方においても「宮」の境内の「堂」という関係で広く存在したと考えられる。この「宮」と「堂」の関係を詳しく示すのが、湖東地方の村落に伝えられてきた古文書である。

湖東地方には、有名な今堀《いまぼり》日吉《ひよし》神社文書（旧八日市市）、大嶋《おおしま》・奥津嶋《おくつしま》神社文書（近江八幡市島）を初めとして、左右《そう》神社文書（竜王町橋本）、須恵《すえ》八幡神社文書（竜王町）、山部《やまべ》神社文書（旧蒲生町下麻生）、蛇溝《へびみぞ》共有文書（旧八日市市）など、多数の中世文書が伝来している。これらの文書は、主として村落の神社に収蔵されて、村落住民の手により伝えられてきたところに特徴がある。これらの文書によると、今堀には十禅師《じゅうぜんじ》権現と薬師堂、島には大島社と阿弥陀堂、橋本には左右宮と阿弥陀堂、須恵には小須恵宮と阿弥陀堂、下麻生には小松宮と赤人堂が存在し、中世においても村落ごとに宮と堂が併存していたといえる。そして、この宮と堂は、小松宮と赤人堂の現在の位置関係にみるように、隣接する関係で祀られていたと考えられる。

石道寺

ところで、滋賀県には優れた仏像が数多く存在している。特に湖北地方には渡岸寺《どうがんじ》観音堂（向源寺《こうげんじ》）十一面観音立像（旧高月町）、石道寺《しゃくどうじ》十一面観音立像（旧木之本町）など、代表的な遺品が存在する。しかし、これらの仏像は住職のいる寺院に安置されているのではなく、いずれも村の人の管理する観音堂に祀られている。このような村人の生活に密着した仏堂のあり方は、湖北地方だけでなく湖東・湖南でもみられる。それは、例えば旧福林寺《ふくりんじ》の地蔵菩薩立像を安置する小篠原《こしのはら》公民館（野洲市）、慈眼寺《じげんじ》の金銅釈迦如来《しゃかにょらい》立像を安置する瓜生津《うりうづ》会館（旧八日市市）などである。これらの仏像はいずれも昔時の大寺に存在していて、戦国争乱、廃仏毀釈などの経過により村人の管理するところとなったのであるが、その基盤には村人側の受け皿がそれ以前から形成されていたからだと考えられる。

これまでにみてきたように、中世の湖東地方には大半の村落に宮と堂があり、村落住民の手により建造物が造替され、古文書や仏像・神像などが伝えられてきたと考えられる。つまり、第一節でみた村落の神社・仏寺の「石造美術」とは、正にこの宮・堂に造立されたものである。それでいて初めて、「石造美術」の濃密な分布が理解でき、村落の神社―石灯籠、村落の仏寺―層塔・宝篋印塔の関係が理解できる。それではこの宮・堂では如何なる行事が行なわれ、「石造美術」が造立される信仰が寄せられていたのかを、次項でみてみよう。

村落住民の仏教信仰

中世に、村の宮・堂では、毎年、定まった行事が繰り返し行なわれていた。一四世紀中葉の大嶋・奥津嶋神社では、正月一日・三月三日・五月五日・七月七日・九月九日の節供の他に、四月と十一月の祭礼、六月一日の御田、七月の早稲初穂《わせはつほ》の祭り、二月と八月の彼岸の行事があり、今堀日吉神社では一五世紀中葉に、御戸開《みとびらき》、正月九日の御経、二月の祭り、三月三日の節供、山王《さんのう》祭、五月五日の節供、六月三日の行事、七月七日の節供、七月の野神《のがみ》、八月の行事、十一月の御穀祭、山神《やまのかみ》の行事が行なわれていた。これらの行事の内容には、節供、稲作儀礼、仏教行事、野神・山神行事など、複数の信仰が混在している。

ここで仏教行事に注目すると、大嶋・奥津嶋神社では春秋の彼岸の行事があり、今堀の日吉神社においても七月十五日の盂蘭盆《うらぼん》や秋の彼岸の弔《とむら》いの習慣、春の彼岸の中日に老衆と若衆が薬師堂に集まって念仏を勤行する行事があった。また、橋本の左右宮においても春秋の彼岸には供《く》米《まい》を進ぜる慣習があった。また、今堀では正月九日の御経の転読があり、下七板《しもなないた》(下麻生を中世にはこのように呼んだ)でも正月七日に赤人堂で大般若経《だいはんにゃきょう》の転読があった。つまり、一四世紀後半以降において、湖東の村々では盂蘭盆や彼岸・大般若経転読などの仏教行事が住民生活に定着し、村落の宮や堂で住民参加の下に執り行われていた。

これらの行事の財源には、村落の宮・堂が所持する仏・神田畠が充てられた。これらの仏神田畠は、古くからの村落共同体財産の転化分もあるだろうが、その多くは、一四世紀に修理田《しゅりた》・如法経田・念仏田・御神楽田《おかぐら》などの特定の目的で村落住民から寄進されたものであり、今堀では建武年間以降に神田畠関係帳簿が作成され続けている。それ以外にも、一三世紀末以降、「現世安穏後生菩提」や「精霊為成仏得道」の目的で数多くの田・畠・林などが村落の宮・堂に寄進され、寄進後は「村人のはからい」となった。そのなかには、観音菩薩の徳を長々と書き記した寄進状もあり、仏教の教義が村落住民に深く浸透していたことを物語っている。このような村落住民の日常生活と仏教信仰の深い結びつきは、「仏陀施入之上者、不可有他妨」（仏に施入したからには、他から妨げをしてはいけない）と記される「仏物」意識を形成し、また、神崎郡垣見《かきみ》郷を「為衆徒殺害之地、可被付山門」（僧侶を殺害した地であるから山門領とする）という「墓所の法理」ともいうべき主張がなされる社会の基盤を醸成していた。

このような村落住民の仏教信仰が、村落の宮・堂への「石造美術」造立の背景だと考えられる。それは、正中《しょうちゅう》三年（一三二六）に薬師《くずし》村の一結衆が「法界平等利益」を願って層塔を造立したことにみられるし、年代を遡って弘安《こうあん》九年（一二八六）に「同村合力」して「法界衆生平等利益」を願って造立された大原来迎院《おおはらいごういん》区の五輪塔にもみられる。そして、その造塔時には、それ相当の法要が営まれたであろうし、造立後も木津惣墓五輪塔にみられるように盂蘭盆や春秋二季の彼岸には阿弥陀経などが転読されたと考えられる。その献燈等の諸費用には、宮・堂の仏神田畠が充てられたであろうし、弓削《ゆげ》阿弥陀寺《あみだじ》宝篋印塔（竜王町）や妙楽寺《みょうらくじ》薬師堂宝篋印塔（旧八日市市）などの銘文にみる如く、「石造美術」造立にともなって田畠を寄進し、その費用に充てた場合もみられる。このような在銘の「石造美術」は勿論であるが、多くの無銘の「石造美術」もまた、村人の種々の願いを込めて、仏神田畠の寄進をともなって、法要の中で造塔され、参詣され続けたと考えることができるのではなかろうか。

湖東地方の仏教信仰

村落住民の信仰の紐帯であった村落の宮・堂には、毎日、阿弥陀経・法華経等を読誦《どくじゅ》する「聖《ひじり》」がいた。すべての宮・堂に「聖」がいたかどうかは明らかでないが、比丘尼生阿弥陀仏が勧進聖となって造立した下羽田《しもはねだ》劔《つるぎ》神社石灯籠（旧八日市市）のように、僧・尼が願主・勧進聖となって造立した「石造美術」が数多く存在することから、これらの僧・尼がその宮・堂に関係する「聖」に相当する人物と考えられる。

涌泉寺九重塔

しかし、村落住民の信仰は村落の宮・堂だけに向けられたのではない。それは佐々木庄に住む虎石女・犬石女が両親の忌日の御燈のために石塔寺観空房《かんくうぼう》に土地を寄進したことにも明らかなように、近隣の仏寺も信仰の対象にされていた。石塔寺の場合は阿育王塔信仰の寺としてやや特殊であるが、その展開は、旧来の学問としての仏寺が中世的な仏寺に変容したのであり、同時に、仏教革新運動の数次にわたる波や、武家層の菩提寺の建立による信仰・仏寺による競合が作用したものと考えられる。

武家層の菩提寺としては、例えば涌泉寺《ゆうせんじ》九重層塔（旧蒲生町）は在地の小領主の菩提寺に造塔されたかと推測されるし、涌泉寺と同じような景観―集落から離れた田圃の中に位置する誓安寺《せいあんじ》（旧蒲生町）も、年代は一六世紀前半に降るが、上南城《かみな》（平井城）主安部居《あべい》氏が建立したとされている。しかし、菩提寺の建立は、守護・地頭層の方が小領主よりも規模が大きく、活発であった。

近江国守護の佐々木六角氏《ささきろっかく》は、一三世紀後半のモンゴル襲来の異国降伏祈禱《きとう》を契機に金剛輪寺《こんごうりんじ》本堂を建立したのを初めとして、一四世紀中葉には六角氏頼《うじより》が金剛寺《こんごうじ》・慈恩寺《じおんじ》・永源寺《えいげんじ》を相次いで開創した。このうち金剛寺と永源寺は臨済宗であるが、慈恩寺は律宗で、六角家代々を葬る墓所とされた。また、六角氏頼は「崇永《そうえい》版」と呼ばれる大般若経を開版している。一方、京極氏も菩提寺として清瀧寺《せいりゅうじ》徳源院《とくげんいん》（天台宗）を一三世紀後半に開創し、一四世紀中葉には京極尊氏《たかうじ》（導《どう》誉《よ》）が勝楽寺《しょうらくじ》（甲良町、臨済宗）を菩提寺として開創している。

ここで、一三・四世紀の湖東地方の仏教寺院の状況を整理するならば、鈴鹿山麓には北から敏《びん》満寺《まんじ》（多賀町）・西明寺《さいみょうじ》・金剛輪寺・百済寺《ひゃくさいじ》（旧愛東町）などの天台寺院が存在し、湖東平野に点在する山々には長命寺《ちょうめいじ》・観音正寺《かんのんしょうじ》・瓦屋寺《かわらやじ》などの天台系寺院や南都系の桑実寺《くわのみでら》が、蒲生郡南部には天台・真言兼学の西明寺・金剛定寺《こんごうじょうじ》・石塔寺が、さらには大和・南山城・甲賀に続く修《しゅ》験道《げんどう》の信仰が綿向山《わたむきやま》・太郎坊《たろうぼう》に存在した。そして、村々には荘園領主の信仰を多分に反映した仏堂や氏神の神宮寺が存在した。そのような状況の中に、一四世紀中葉には勝楽寺《しょうらくじ》・金剛寺・永源寺などの臨済宗寺院が、また慈恩寺などの律宗寺院が守護層によって創建され、在地の小領主も菩提寺を建立していった。

このような仏教寺院の状況下において、村落住民の信仰は村落の宮・堂だけに向けられたのではなく、観音正寺や長命寺などの観音霊場、願成就寺《がんじょうじゅじ》（近江八幡市）や龍王寺《りゅうおうじ》（竜王町）に現在も続く「へちま祈禱」に垣間見られる加持《かじ》祈禱、石塔寺の阿育王塔信仰など、多様な形で既成の顕密諸宗の寺院にも向けられ、一五世紀以降は新たに活発な展開をする浄土真宗などへも傾斜していく。

三　村落結合と生産力の発展

村落結合

村落の宮・堂に「一結衆」を組んで「石造美術」を造立した中世の湖東地方の住民は、信仰による村落結合のみならず、労働・衣食住・娯楽・闘争など生活全般にわたって共同体結合を維持して暮らしていた。

湖東地方の主要な産業である農業―稲作の場合、夏の田植えや用水管理、秋の稲刈りや脱穀作業など、村落住民相互間の協業が必要とされた。とりわけ用水管理は稲の成長を左右するものであり、田植え後の稲作りにおいて除草とともに重要な作業であった。その用水管理としては、個々の井戸に依存する地域もあったが、大部分の地域で溜池や井《ゆ》（河川・涌水《ゆうすい》を水源とする用水路）を併用したと考えられる。この溜池や井では、夏には番人が出て水の確保・配分に当たり、冬には修築、春には浚渫《しゅんせつ》・水神祀りなどが村落住民の参加の下に行なわれ、まさに村落結合の紐帯になっていたと考えられる。その他にも、入《いり》

一結衆により造立された吉善寺宝塔

会地《あいち》における肥料の確保、共有山における薪炭《しんたん》の確保、頼母子《たのもし》の結成、衣食住の相互扶助など、村落住民は共同体への結集なしには村落に住めなかったと考えられる。

この村落共同体結合を維持・強化するために、村落成員の組織・法も整備された。一三世紀末の奥島庄には、津田・嶋両村に九十七人の村落成員がいた。この中には有姓者を含まずに人数も多いことから、村落上層(百姓層)と村落下層(小百姓層)の両方を含むと考えられる。これらの村落成員は、一四・五世紀には、「老」と「若」の年齢階梯《かいてい》秩序に編成された。この「老若」を指導したのが、「老百姓」・「老人」・「古老」などと呼ばれた人生経験の豊かな「古老」であった。つまり、「老」と「若」の組織の上に「古老」がいて、村落自治を運営していた。そして、村落成員が増加すると、「南座」老若・「北座」老若というように、一村の中に複数の「座」が成立して村落が運営された。

一方、法の整備は弘長二年(一二六二)に奥島庄において「庄隠規文《しょうかくしきぶみ》」という法が定められ、「悪口輩《あっこう》」に対する庄内からの追却が決められた。しかし、この法は百姓の有力住人十五名によるものである。村落成員による成文法は一三・四世紀には確認されないが、「庄家法」と言明される社会秩序が意識され、宗教行事における衆議の定書がしばしば出された。一五世紀になると「座」の定書が出され、やがて生活全般にわたる種々の条規を含んだ成文法―村掟《むらおきて》が出され、村落結合はより一層に緻密となる。

また他方では、農業の豊作を願って村落共同体の出銭《でせん》（支出金）により猿楽《さるがく》が催され、春祭には現在も多くの神社で行なわれている芸能なども催され、厳しい日常生活のなかで「ハレの日」を楽しんだと考えられる。このような祭礼の時には、自分の村だけでなく数ヶ村にわたる氏子も集まり、相互の交流を深め、広域結合の基盤を醸成していたと考えられる。

このような日常生活に密着し、かつ整備された村落共同体結合の存在が、紛争の際には村落住民の「一味同心《いちみどうしん》」の闘争形態をとらせた。奥島庄では、一三世紀末の隣庄中之庄《なかのしょう》との相論の際に「一味同心」して村落成員全部の連署規文を作成し、大嶋大明神の起請文《きしょうもん》も作成して、離反者の庄外追放を決定し、この相論への意志の結束をはかっている。それは、今堀においても一四世紀前半には郷内諸神祇《じんぎ》等の連署起請文がみられ、下七板においても一五世紀中葉には赤人寺御本尊如意輪《にょいりん》観音の起請文が「老若」により制作されている。このような宮・堂を精神的紐帯とする「一味同心」の結束により、隣庄との相論、庄官との闘争が展開され、奥島庄や麻生庄での逃散《ちょうさん》、山前《やまさき》庄と観音寺との湯起請などが闘われたと考えられる。

しかし、中世における村落共同体結合は、すでに指摘されているように、村落上層民による閉鎖性をともない、女性を排除するものであった。そしてまた、「神木《しんぼく》」発向や「神罰」などの精神的呪縛と、庄外追放という生活権の剥奪《はくだつ》により体現されていたものである。けれども、このような村落共同体結合の限界性は、村落共同体内の階層性、村落住民を取り巻く衣食住・生産・諸権利の厳しさを反映しているものであり、これらの解決を将来の課題として日々の生活を送っていたとすることができる。

生産力の発展

一三・四世紀の社会は、農業生産力が前代に引き続き上昇するとともに、手工業の技術が地方に伝播・定着して新しい特産地が形成され、それにともなって商品流通も活発化し、銭貨使用が普及した時代であった。

農業生産においては、耕地開発の展開、田畠輪換作付の導入、商品作物生産の普及、畜力の活用などがあげられる。それは例えば、今堀郷では畠地の拡大(未開地の既墾地化)と畠地の水田化との二方向で耕地の開発が進展していた。後者の過渡的状況を示すのが、不作の時には元のように大角豆《ささげ》で納入するように指示された「畠成田新開」であり、田の時と畠の時の両方の納入高が記されている神田の存在である。この二方向の開発のあり方が、一方で生産力の高い水田を造り出し、他方で田畠輪換作付の耕地、商品作物生産を行う畠地を造り出していったと考えられる。

また役畜の活用は、麻生庄の場合は下司職《げしき》(荘園の現地での荘務をつかさどる地位)を相伝した平姓氏族の文応《ぶんおう》元年(一二六〇)の私領所職譲状に初めて「牛馬」がみられ、奥島庄においても仁治《にんじ》二年(一二四一)、勧農の時期に下司が百姓の馬を押借したことに関して相論が展開されていることから、一三世紀に普及し始めたと考えられる。

一方、手工業生産においては、この時期に陶器・鋳物師《いもじ》・刀鍛冶《かじ》などの新しい産地が成立した。甲賀郡南西の信楽《しがらき》では、鎌倉時代末に陶器生産が始まり、以後、連綿と今日に至るまで焼き続けられている。この信楽陶器の発生に関しては、その製品の類似性から常滑《とこなめ》（愛知県）の陶工の移住によるものとする説があるという。また、愛知《えち》郡の長《おさ》村（旧湖東町）の鋳物師生産も南北朝時代から始まったようで、康暦《こうりやく》元年（一三七九）の元豊満《とよみつ》神社鐘（旧愛知川町）に「鋳師大工長村道欽、同村群類等」と陽鋳されているのを初見とする。梵鐘などの鋳物師生産は、平安時代には河内《かわち》国丹南《たんなん》郡（大阪府）の鋳物師がその生産をほぼ独占していたが、鎌倉時代には丹南鋳物師の関東移住にともなって相模《さがみ》国（神奈川県）などでも生産が盛んになり、南北朝時代には全国的に拡散して生産されたとされていて、ここでも技術の地方伝播・定着がみられる。また刀鍛冶も南北朝の内乱時に京都粟田口《あわたぐち》の刀工が六角氏の本拠の金田《かねだ》（近江八幡市）に移住しているし、応永年間には備前《びぜん》福岡（岡山県）一文字《いちもんじ》派の流れをもつ刀工が石塔（旧蒲生町）に移住している。

他方、商業活動においては、一三世紀後半には五ヶ商人（八坂《はっさか》・薩摩《さつま》・田中江《たなかえ》・小幡《おばた》・高島　南市《みなみいち》）の中の八坂商人（彦根市）の活動が始まっていたらしく、一四世紀には小幡商人（五個荘町）・石塔商人の活動も始まったが、やがて守護六角氏の保護下に得珍保《とくちんほ》の保内《ほない》商人が一四世紀末から台頭し始め、他の商人の商圏を侵害していった。また、一四世紀中葉以降、近江国親市《おやいち》と呼ばれた長野市（旧愛知川町）を始めとして数多くの市が立つようになり、手工業生産の定着、特権商人の輩出とあいまって、日常的な取り引きも活発化した。このようになると、大津問《とい》のような輸送専門業者も出現し、年貢輸送の請負なども行った。このような商業・流通の活発化の背景には、一三世紀後半から顕著になった銭貨の普及によるところが大きかったと考えられる。それは、都市社会内部の貨幣流通が在地領主などの都鄙《とひ》間往来にともなって必然的に地方にもたらされたものであった。

右にみてきた農業・手工業・商業の発達は、広域な人的交流の上に達成されたものであり、同時に多くの宗教者・遊芸者の徘徊《はいかい》が在地に宗教・芸能などの文化をもたらしたと考えられる。一方、在地の住民は婚姻・生産活動などにより周辺村落との人的交流を深めていたであろうし、時には年貢輸送・訴訟のために上洛《じょうらく》した。このような多くの人々の移動・交流の蓄積が村落住民の生活に定着した時、諸産業の生産力を上昇させ、中世的な社会・文化を円熟させたと考えられる。すなわち、湖東地方に残る多数の「石造美術」も、その生産力上昇と文化の定着に基づく遺産に他ならない。

おわりに

これまでにみてきたように、湖東地方の中世「石造美術」の特徴は、村落住民による共同体結合を基盤にした宮・仏堂への造立寄進が多数を占めたと考えられることにある。その村落結合の内実には村落上層と村落下層の一定の対立関係が内包されていたと想定されるが、その造立寄進の基盤には仏教信仰の普及・浸透とともに、村落結合のイデオロギー的紐帯としての宮・仏堂への村落住民相互間の日常的な信仰の結集があった。

これまでの先学の研究には、湖東地方の中世「石造美術」の多数の残存を商業発展との関連で説明する考え方があったが、集落ごとの濃密な分布、地域ごとの塔形の相違などを総合して考えるならば、生産力の発展と人的交流の活発化を基礎とし、村落結合と宗教状況のあり方がその造立を左右したと言えよう。つまり、一三・四世紀に在地小領主による開発が盛んであった蒲生郡南部には宝篋印塔などの供養塔が数多く造立され、村落結合が強固であった蒲生郡中部には氏神の石灯籠が多く造立されたが、それは造立主体と宗教状況の両方の相違を示すとともに、それを規定する生産様式・生活圏の相違を表わしていると考えられる。

この地域の視点でさらに広い地域をみるならば、「石造美術」が数多く残存する野洲郡・蒲生郡は開発が進展していて生産力が高かったであろうし、その反対に残存が少ない愛知郡・犬上郡・甲賀郡は開発がまだ充分に進展していなかったと言えよう。なおまた、甲賀郡の場合は野洲《やす》川流域と杣川《そま》流域・信楽とでは「石造美術」の様式上に近江式と大和式の差異が認められるが、それは後者の地域が近江国の周辺に位置するのみならず、古い時代から開発され、倉歴《くらふ》越や紫香楽《しがらき》道により伊賀・南山城・大和との綿密な関連を持っていたことによると考えられる。

このような近江国内の地域性をさらに日本全体の視野からみるならば、供養塔に関しては、東国の板碑地域、畿内中央部の惣墓─五輪塔地域とは異なる畿内近国（近江）の宝篋印塔地域として設定できる。そして、近江国の場合、供養塔に関しても村落住民による造立がある程度にみられるということは、畿内中央部の惣墓─五輪塔地域に類似し、武士層が造立階層であった東国の板碑地域とは明確に地域性を異にしている。

以上から、湖東地方の中世「石造美術」のあり方は、畿内近国である近江国の平野部の生産様式・生活圏を体現したものであり、村落共有文書・神社建造物・仏像などと同じく村落住民の貴重な文化遺産だということができる。

あとがき

本書は、筆者のこれまでの調査・研究報告の中から石の文化財に関するものを集めて編成したものである。本文の各所でも触れているが、筆者のこれまでの歩みと、石の文化財の関わりとに言及しておく。

筆者の小中学生の頃は、休日に父親に連れられて滋賀県内の社寺などに行くこともあったが、石の文化財に特別な関心を持っていたわけではない。高校二年の時、父親が滋賀民俗学会を訪ねた時に会員になるとともに、木村至宏著『近江の道標』を買ってきた。その年の夏休みに、その本に掲載されている町内の道標を見て回ったのが、石の文化財との関わり始めである。しばらくして会報の『民俗文化』を読み始めると、毎号に掲載されている近江の「石造美術」にも徐々に関心を持った。その秋、学校で友だちと「郷土史研究会」を立ち上げ、国語の佐野仁応先生に顧問になってもらい、津島社調査などをした。高校三年になると、近江三十三所巡礼の案内書の原稿を作り、両親の協力で自費出版の形で発行したのが『近江巡礼』

筆者が高校生の頃に制作した『近江巡礼』

である。その時点で、「石造美術」への関心も増大していた。

そのようなこともあり、大学は史学科のあるところを選んだ。しかし、当時の史学科の日本史学専攻では、石の文化財など地域の歴史を調べることはあまり重んじられていなかった。研究対象とする時代や地域などを設定し、各自の問題関心に応じて課題を見つけ、研究史を踏まえつつ、資料をもとに実証的かつ論理的にその課題を究明することを求められた。そのようなことも学びつつ、長期休みを利用して道標調査、宮前型石灯籠調査などを進めた。一方、文化財保護、地域史研究などについても図書館の本や研究会などの中で学んでいった。とりわけ、信濃史学会の一志《いっ》茂樹《し》氏の論稿や多摩地域をフィールドワークとした色川《いろかわ》大吉氏の著作等から影響を受けた。二〇歳の時に地元の人に呼び掛けて「蒲生町地域史研究会」を立ち上げた。そこでは、町内で進められていた圃場整備事業の前に、地物、水利、地名、民俗などの調査をすることを提唱し、それを実践した。

卒業後は京都府に職場を得たこともあり、滋賀県内の石の文化財に関する調査等は徐々に遠のいていったが、京都から眺める滋賀という視点で深めることのできたものもある。また、京都の資料の中に滋賀県関連の資料を見出すこともあった。そのようにして、細々ながら滋賀県内の石の文化財の調査・研究を続けてきた。

振り替えると四〇年間余にわたって石の文化財との関りを持ってきたことになる。ようやくにしてこのような形で成果をまとめることができたのは、望外の喜びである。これまで協力を得てきた人たち、支えてくれた方々に感謝を申し上げて、擱筆したい。

二〇二四年一〇月

大塚 活美

参考文献

第一章

宇治市文化財愛護協会『新　宇治の碑』（宇治市文化財愛護協会、二〇一四年）
江頭恒治著『近江商人　中井家の研究』（雄山閣、一九九二年）
江竜喜之「街道と助郷」（『蒲生町史』第二巻、蒲生町、一九九九年）
大塚活美『蒲生町の道標』（私家版、一九七九年）
大塚活美『日野町の道標』（私家版、一九七九年）
大塚活美『蒲生町の道標（追加）』（私家版、一九八〇年）
大塚活美『日野町の道標（再追加）』（私家版、一九八〇年）
大塚活美「今郷の正徳元年在銘道標―甲賀郡水口町―」（『民俗文化』第二〇九号、滋賀民俗学会、一九八一年）
大塚活美「文化四年中井氏建立道標―道標を群としてとらえるために―」（『民俗文化』第二一三号、一九八一年）
大塚活美「近世の御代参街道名」（『民俗文化』第二三一号、一九八二年）
大塚活美「道標にみる近江の寺社参詣」（『近江地方史研究』第二〇号、近江地方史研究会、一九八五年）
大塚活美「横浜三溪園にある滋賀県内の道標」（『蒲生野』第四二号、八日市郷土文化研究会、二〇一〇年）
大塚活美「京都市内に所在する滋賀県内の地名を表示する道標について」（『淡海文化財論叢』第八輯、淡海文化財論叢刊行会、二〇一六年）
門脇正人「江戸期「御代参街道」を復元する（完）」（二）（『紀要』第一五号、滋賀県立安土城考古博物館、二〇〇七年）

門脇正人「御代参街道」（『多賀道と御代参街道』、多賀町教育委員会、二〇一八年）
木村至宏『近江の道標』（民俗文化研究会、一九七一年）
木村至宏『近江の道標』（京都新聞出版センター、二〇〇〇年）
京都市歴史資料館「京都のいしぶみデータベース」（WEBによる公開）
京都市「西村（善）家文書」（『史料京都の歴史』第九巻中京区、京都市、一九八五年）
甲賀市『甲賀の道標』（甲賀市史編纂叢書第十集、甲賀市教育委員会、二〇一四年）
甲南中部自治振興会『未来に語り継ぐ　中部学区の歴史』（二〇一九年）
滋賀県立甲賀高等学校社会部道標調査班編『甲賀の道標』（一九七〇年）
瀬川喜久次「日野町内の御代参街道について」（『民俗文化』第一〇〇号、一九七二年）
全国の道路元標（anazo.skr.jp）
中島伸男「八日市の道標」（『蒲生野』第一〇号～第一七号、一九七四～八一年）
中島伸男執筆『みちしるべ』（八日市ライオンズクラブ、一九八二年）
日野町教育委員会『ひものの文化』第三号（一九七七年）
綣の歴史と文化編集委員会『民誌・綣の歴史と文化』（栗東市綣自治会、二〇〇六年）
満田良順「御代参街道」（木村至宏監修『図説　近江の街道』、郷土出版社、一九九四年）

第二章

池内順一郎『石造遺品』初集～第一二集（一九六七～八一年）（『近江の石造遺品』上・下として再録。二〇〇六年）
池内順一郎『甲賀の文化財』（山川尚文堂、一九七四年）
大塚活美『宮前型石灯籠』（私家版、一九七九年）
大塚活美「再録宮前型石灯籠」（『淡海文化財論叢』第四輯、二〇一二年）
京都府立大学の地域調査（東昇・竹中由里代編『京都府立大学文化遺産叢書　第四集　八幡地域の古文書・石造

物・景観』、京都府立大学文学部歴史学科、二〇一一年）
小寺慶昭『近江の狛犬を楽しむ』（サンライズ出版、二〇一〇年）
三田市教育委員会『三田の石灯籠』（三田市教育委員会、一九九三年）
田井中洋介「近世後期における近江の石工についての研究ノート」（小笠原好彦先生退任記念論集刊行会『考古学論究』、二〇〇七年）
田岡香逸『近江の石造美術』一・二・三・六（民俗文化研究会、一九六八〜七六年）
田岡香逸「近江蔵王の石造文化圏」（『民俗文化』第一九五号〜第一九九号、一九七九年）
帝塚山大学の春日大社石灯籠の調査（『奈良学研究』第六号、帝塚山大学、二〇〇三年）
福地謙四郎『日本の石燈籠』（理工学社、一九七八年）
龍谷大学の石清水八幡宮灯籠の調査（勝部明生編『石清水八幡宮石燈籠の調査研究』（龍谷大学文化財学実習講座、二〇一〇年）

第三章

井上智勝「並河誠所の式内社顕彰と地域―摂津国式内社号標石の建立を中心に―」（『大阪市立博物館研究紀要』第三二輯、二〇〇〇年）
大塚活美「奉納石造物に歴史を読む―宇治市西部の神社歩きから―」（『南山城・宇治地域を中心とする歴史遺産文化的景観の研究』、京都府立大学文化遺産叢書第一集、二〇〇九年）
大塚活美「社号標の成立について―神社名を表示する石造物―」（『淡海文化財論叢』第五輯、二〇一三年）
大塚活美「続・社号標の成立について」（『淡海文化財論叢』第六輯、二〇一四年）
菱田哲郎「文化遺産からみた地域の記憶とイメージ」（『南山城・宇治地域を中心とする歴史遺産・文化的景観の研究』（前掲書））
伏見稲荷大社『伏見稲荷大社年表』（伏見稲荷大社御鎮座一千二百五十年大祭奉祝記念奉賛会、一九六二年）

平安神宮『平安神宮百年史』（平安神宮、一九九七年）
松室孝樹「紀念碑から地域の歴史を考える―神社社号標を題材として―」（『史想』第二三号、京都教育大学考古学研究会、二〇〇八年）
松室孝樹「ランドマークとしての神社社号標―滋賀県をフィールドとして―」（『近江の文化と伝統』、守山野洲市民交流プラザ「ライズヴィル都賀山」、二〇一〇年）
武藤誠「並河誠所の古社建碑」（『兵庫県史蹟名勝天然紀念物調査報告』第一四輯、一九三九年）
米田実「栗太郡石造物データベース」（私家版、二〇一八年）

第四章

『近江蒲生郡志』巻八（滋賀県蒲生郡役所、一九二二年）
大塚活美「東近江市内の江戸時代の石鳥居―蒲生地区とその周辺―」（『蒲生野』第五三号、二〇二一年）
上羽田町郷土史編纂部編『上羽田町のあゆみと思い出』（上羽田町平石自治会、二〇〇〇年）
滋賀県教育委員会編『滋賀県石造建造物調査報告書』（一九九三年）
瀬川欣一「木や石の神社の鳥居」（同氏『ふるさとの文化財　日野町広報「広報ひの」連載（その①）』、日野町役場、一九九九年）
瀬川欣一『近江　石の文化財』（サンライズ出版、二〇〇一年）
田井中洋介「近江の近世石工と石造遺品―浅井郡曲谷村の石工を中心に―」（『近江の文化と伝統』（前掲書））
田井中洋介「観音寺舜興が建立した石鳥居群」（『淡海文化財論叢』第十二輯、二〇二〇年）
『多賀信仰』（多賀大社社務所、一九八六年）
武村勘一『柴原南町二五〇〇年の歴史』（二〇二二年）
谷田博幸『鳥居』（河出書房新社、二〇一四年）
綣の歴史と文化編集委員会『民誌・綣の歴史と文化』（前掲書）

三輪茂雄「近江曲谷臼を訪ねて」（『民俗文化』第一四五号、一九七五年）
三輪茂雄「近江曲谷臼産地調査報告書」（『民俗文化』第一六九号、一九七七年）

第五章

いかいゆり子『近江の芭蕉　松尾芭蕉の世界を旅する』改訂版（サンライズ出版、二〇二三年）
池内順一郎『蒲生町のいしぶみ』（孔版、一九七二年）。後に『蒲生町のいしぶみ』（蒲生町教育委員会、一九七八年）に再録
乾憲雄『淡海の芭蕉句碑（上）』（サンライズ印刷出版部、一九九四年）
大塚活美「「山部」神社と「赤人」寺」（『蒲生野』第二一号、一九八六年）
大塚活美「蒲生郡南部の徳本名号碑」（『蒲生野』第二二号、一九八七年）
大塚活美「湖東の俳人―『時雨会集成』を中心に―」（『蒲生野』第三〇号、一九九八年）
大塚活美「東近江市蒲生地区の歌碑・句碑について」（『蒲生野』第五一号、二〇一九年）
大塚活美「東近江市蒲生地区の土地改良碑について」（『蒲生野』第五二号、二〇二〇年）
尾崎宍夫「山部赤人廟碑補遺」（『好古類纂』二編第六集、一九〇五年）
兼清正德「桂園派歌人　渡忠秋」（『京都の桂園派歌人たち』、山口書店、一九九〇年）
『蒲生町史』第二巻（蒲生町、一九九九年）
蒲生町地域史研究会『蒲生町の石碑』（一九九七年）
蒲生町地域史研究会『蒲生の文学』（二〇〇六年）
甲津義彦『近江の徳本念仏信仰』（私家版、二〇一七年）
滋賀アララギ会編『万葉の近江』（白川書院、一九七一年）
『釈迢空全歌集』（角川ソフィア文庫、二〇一六年）
『浄土宗大辞典』（山喜房佛書林、一九八〇年）、「澄禅」「徳本」の項。

『高島郡誌』（滋賀県高島郡、一九二七年）
田中祥雄「徳本行者全集全五巻書誌解説」（『徳本行者全集』第六巻、山喜房佛書林、一九八〇年）
津島喜一『蒲生野　考証万葉集』（芸術と自由社、一九九二年）
「中山陣屋　関氏」（『近江蒲生郡志』巻四、一九二二年）
日野町教育委員会『文化財広報　ひもの、の文化』第二号（一九七九年）
牧達雄「近江平子澄禅寺山を中心とする徳本上人の化益」（戸松敬真編『徳本行者全集』第六巻、前掲書）。
宮崎幸麿「山部赤人廟碑」（『好古類纂』二編第一集、第二集、一九〇三年、一九〇四年）
村岡嘉子『郷土文学叢書第四巻　夕暮歌碑めぐり　―前田夕暮の歌碑と文学―』（秦野市立図書館、二〇〇九年）
渡辺守順・日比野渥美『近江の文学碑を歩く』（国書刊行会、一九八五年）

第六章

大塚活美「高島市の「鵜川四十八躰石仏」再考」（『近江地方史研究』第四三号、二〇一二年）
長朔男『近江路をめぐる石の旅』（琵琶湖博物館ブックレット一一、二〇〇一年）
小葉田淳「冷泉為広卿越後下向」（『しぐれてい』第一二号・第一三号、一九八五年。後に小葉田淳『史林談叢　史学研究六〇年の回想』、臨川書店、一九九三年に所収）
兼平幸一『鵜川四十八体石仏』（私家版、一九八五年）
川勝政太郎『近江　歴史と文化』（社会思想社、一九六八年）
川勝政太郎『京都の石造美術』（木耳社、一九七二年）
川島重治「鵜川四十八躰仏再考」（『滋賀県地方史研究』第九号、滋賀県立図書館・滋賀県地方史研究家連絡会、一九九八年）
岸俊男『藤原仲麻呂』（人物叢書、吉川弘文館、一九六九年。新装版は一九八七年）
木本好信『藤原仲麻呂』（ミネルヴァ日本評伝選、ミネルヴァ書房、二〇一一年）

小林博「鵜川四十八躰の伝承の誤りについて」（『滋賀県地方史研究』第五号、一九九四年）
佐野精一『京の石仏』（サンブライト出版、一九七八年）
『滋賀県　史蹟・名勝・天然紀念物　調査報告概要』（滋賀県保勝会、一九二二年）
『滋賀県史蹟調査報告　第八冊』（滋賀県、一九三九年、柴田実執筆。名著出版、一九七四年再版）
『滋賀県の地名』（日本歴史地名大系二五、平凡社、一九九一年）
『志賀町史　第二巻』（滋賀県志賀町、一九九九年、下坂守執筆）
『志賀町史　第四巻』（滋賀県志賀町、二〇〇四年）
『市町村沿革史採集文書　伊藤家文書三』（滋賀県立図書館蔵）。なお、資料は現在、「伊藤泰詮家文書」と呼ばれる。
清水俊明『近江の石仏』（創元社、一九七六年）
清水俊明『京都の石仏』（創元社、一九七七年）
「白鬚明神縁起」（滋賀県立近代美術館『近江八景』、一九八八年）
『神道大系　神社編二十三　近江国』（神道大系編纂会、一九八五年）
瀬川欣一『近江 石のほとけたち』（かもがわ出版、一九九四年）
田井中洋介「大津市域における近世の石工たち」（滋賀県文化財保護協会『紀要』第二二号、二〇〇九年）
『高島町史』（高島町役場、一九八三年、堅田修執筆）
仁藤淳史『藤原仲麻呂』（中公新書二六四八、二〇二一年）
長谷川裕子「湖西の村の「生存史」―鵜川をめぐる小松・打下の三百年闘争―」（『中世の紛争と地域社会』、岩田書院、二〇〇九年）
『文化財教室シリーズ二二　近江の石仏』（滋賀県文化財保護協会、一九七八年、宇野健一執筆）
『冷泉家時雨亭叢書　第六十二巻　為広下向記』（朝日新聞社、二〇〇一年）

第七章
大塚活美「絵画資料にみる石造物（前）（後）」（『民俗文化』第二四七号・第二四八号、一九八四年）
『古絵図が語る大津の歴史』（大津市歴史博物館、二〇〇〇年）
葛川絵図研究会編『絵図のコスモロジー』上巻（地人書房、一九八八年）
荘園絵図研究会編『絵引荘園絵図』（東京堂出版、一九九一年）
田岡香逸「近江びわ村の石造美術」（『民俗文化』第八四号、一九七〇年）
田岡香逸「近江葛川の石造美術」（『民俗文化』第一五七号・第一五八号、一九七六年）
『竹生島宝厳寺』（市立長浜城歴史博物館、一九九二年）

宇野健一編『新註近江輿地志略』（弘文堂書店、一九七六年）
大塚活美「黒山の石造美術―伊香郡西浅井町―」（『民俗文化』第二一六号、一九八一年）
黒田日出男「広義の開発史と『黒山』」（『民衆史研究』第一八号、一九八〇年。後に黒田日出男『日本中世開発史の研究』、校倉書房、一九八四年、に所収）
清水俊明『近江の石仏』（創元社、一九七六年）
田岡香逸「近江伊香郡の石造美術」（『民俗文化』第一〇四号、一九七二年）

秋田裕毅『開かれた風景』（サンブライト出版、一九八三年）
池内順一郎『石造遺品』初集～第一二集（一九六七～八一年）（前掲書）
伊原恵司「中世の神社建築」『文化財講座　日本の建築』二、一九七六年）
今谷明「郷村の造形美術」（『歴史手帖』三〇、一九七六年）
「今堀日吉神社文書」（『今堀日吉神社文書集成』所収）

宇野茂樹「草津市域の本地仏」(草津市史編さん委員会『みちしるべ―市史編さん便り―』九号、一九八一年)
追塩千尋「中世日本における阿育王伝説の意義」(『仏教史学研究』二四―二、一九八二年。同『日本中世の説話と仏教』(和泉書院、一九九九年)に所収)
「大嶋神社・奥津嶋神社文書」(滋賀大学経済学部史料館、一九八六年)
大塚活美「湖東地方の中世「石造美術」―村落生活における「石造美術」造立―」(『蒲生野』第二〇号、一九八五年)
景山春樹『近江の金石文資料』(一九六二年)
笠松宏至「仏物・僧物・人物」(『思想』六七〇号、一九八〇年)
笠松宏至「「墓所」の法理」(同『日本中世法史論』所収、一九八〇年)
「蒲生文書」(『水口町志』下巻所収、一九五九年)
川勝政太郎『近江』(前掲書)
川勝政太郎『日本石材工芸史』(綜藝社、一九五七年)
川勝政太郎『日本石造美術辞典』(東京堂出版、一九八四年)
川勝政太郎『新版石造美術』(誠文堂新光社、一九八一年)
川勝政太郎「中世における石塔造立階級の研究」(『大手前女子大学論集』四、一九七〇年)
河音能平「中世前期村落における女性の地位」(『日本女性史』二、東京大学出版会、一九八二年)
『古絵図』(京都国立博物館、一九六九年)
小島道裕「六角氏の城下町石寺について」(『観音寺城と佐々木六角氏』四、一九八一年)
「左右神社文書」(『近江蒲生郡志』)
滋賀県教育委員会事務局文化財保護課『重要文化財懸所宝塔修理工事報告書』(一九六六年)
滋賀県立近江風土記の丘資料館、一九八〇年秋季特別展、『信楽焼と近江の蔵骨容器』

関口恒雄「荘園公領制経済の変容と解体」(『日本経済史を学ぶ』上、有斐閣、一九八二年)
田岡香逸『近江の石造美術』一・二・三・六(前掲書)
田岡香逸「近江蔵王の石造文化圏」一〜五(前掲書)
千々和到「金石文からみた中世の東国」(『歴史学研究』一九八一年度大会報告別冊、一九八一年)
辻富美雄「叡尊における石塔勧進考」(『仏教大学大学院研究紀要』第八号、一九八〇年)
坪井良平『日本古鐘銘集成』(角川書店、一九七二年)
坪井良平『日本の梵鐘』(角川書店、一九七〇年)
土井通弘「佐々木崇永版大般若経について」(『近江地方史研究』第一四号、一九八一年)
仲村研「近江得珍保の猿楽能覚書」(『蒲生野』第一三号、一九七六年)
仲村研「保内商業の展開過程」(同志社大学人文科学研究所『社会科学』二三、一九七七年)
仲村研「得珍保今堀郷の神田納帳について」(同志社大学人文科学研究所『社会科学』二七、一九八一年)
仲村研「中世の大工・刀工・鋳物師と技術」(『技術の社会史』一、有斐閣、一九八二年)
『日本荘園絵図集成』(東京堂出版、一九七六年)
丸山幸彦「近江国得珍保における農業生産のあり方」(『赤松俊秀教授退官記念国史論集』所収、一九七二年)
三浦圭一「惣村の起源とその役割」(『史林』五〇―二・三、一九六七年)
満田良順「近江における石造遺品の造立背景」(『近江地方史研究』第一七号、一九八三年)
『増補史料大成　八坂神社記録』(臨川書店、一九七八年)
「山部神社文書」(『山部神社中世文書』、蒲生町教育委員会、一九八四年)
八日市市史編さん委員会、「仏像調査状況」(『八日市市史編さん便り』第八号、一九八一年)

や行

八坂神社嘉永七年灯籠（東近江市、旧蒲生町宮川）……2章
八坂神社手水鉢（東近江市、旧蒲生町宮川）……3章
八坂神社釈迢空歌碑（東近江市、旧蒲生町宮川）……5章
八阪神社鳥居（甲賀市、旧信楽町杵原）……4章
八千鉾神社鳥居（蒲生郡日野町三十坪）……4章
柳宮神社弘化三年灯籠（東近江市、旧蒲生町木村）……2章
柳宮神社明治四五年灯籠（東近江市、旧蒲生町木村）……2章
山上芭蕉句碑（東近江市、旧永源寺町山上）……5章
山津照神社社号標（米原市能登瀬）……3章
山部神社明治一九年灯籠（東近江市、旧蒲生町下麻生）……2章
山部神社社号標（東近江市、旧蒲生町下麻生）……3章
山部神社赤人歌碑（東近江市、旧蒲生町下麻生）……5章
山部神社赤人廟碑（東近江市、旧蒲生町下麻生）……5章

ら行

来迎院区五輪塔（京都市左京区大原来迎院）……7章

わ行

若宮神社文化一〇年灯籠（東近江市、旧蒲生町宮井）……2章
若宮神社明治九年灯籠（東近江市、旧蒲生町石塔）……2章
若宮神社明治二〇年灯籠（東近江市、旧蒲生町石塔）……2章
若宮神社鳥居（草津市芦浦）……4章
和野宝永二年道標（甲賀市、旧水口町和野）……1章

八王子神社鳥居（湖南市、旧甲西町菩提寺）……………………………4 章
八幡神社社号標（東近江市、旧蒲生町大塚）……………………………3 章
八幡神社鳥居（東近江市、旧蒲生町大塚）………………………………4 章
八幡神社鳥居（東近江市、旧八日市市中羽田）…………………………4 章
八幡神社宝篋印塔（蒲生郡日野町里口）…………………………………7 章
八幡神社宝篋印塔（蒲生郡日野町北畑）…………………………………7 章
羽田神社鳥居（東近江市、旧八日市市上羽田）…………………………4 章
早尾神社不動明王石仏（大津市山上町）…………………………………6 章
速水元禄一二年道標（長浜市、旧湖北町速水）…………………………1 章
比叡山西塔弥勒石仏（大津市坂本）………………………………………6 章
日雲神社石燈籠（甲賀市、旧信楽町牧）…………………………………7 章
比都佐神社宝篋印塔（蒲生郡日野町十禅師）……………………………7 章
日永追分明暦二年道標（三重県四日市市日永）…………………………1 章
日吉神社社号標（長浜市石田町）…………………………………………3 章
日吉神社鳥居（高島市、旧マキノ町在原）………………………………4 章
日吉神社三の鳥居（東近江市、旧八日市市上平木）……………………4 章
日吉神社四の鳥居（東近江市、旧八日市市上平木）……………………4 章
日吉大社鳥居額（大津市坂本本町）………………………………………3 章
平井神社鳥居（京都府城陽市平川）………………………………………3 章
伏見稲荷大社社号標（京都市伏見区稲荷）………………………………3 章
仏法寺宝篋印塔（野洲市、旧中主町井口）………………………………7 章
不動寺磨崖仏（湖南市、旧甲西町岩根）…………………………………6 章
平安神宮社号標（京都市左京区岡崎）……………………………………3 章
綣里程標（栗東市綣）………………………………………………………1 章
別所芭蕉句碑（蒲生郡日野町別所）………………………………………5 章
蛇溝弘化二年道標（東近江市、旧八日市市蛇溝町）……………………1 章
梵釈寺鳥居（東近江市、旧蒲生町岡本）…………………………………4 章

ま行

増田道標（蒲生郡日野町増田）……………………………………………1 章
松尾寺層塔（米原市、旧米原町上丹生）…………………………………7 章
三尾神社社号標（大津市園城寺町）………………………………………3 章
明王院宝篋印塔（大津市葛川坊）…………………………………………7 章
妙楽寺層塔（蒲生郡竜王町薬師）…………………………………………7 章
宗像神社社号標（京都市上京区京都御苑）………………………………3 章

高岸神社手水鉢（東近江市、旧蒲生町鈴）……………………………3章
多賀大社鳥居（彦根市高宮町）………………………………………4章
多賀大社境内鳥居（犬上郡多賀町多賀）……………………………4章
多賀大社鳥居額（彦根市高宮町）……………………………………3章
高野神社鳥居（東近江市、旧永源寺町高野）………………………4章
竹田神社文政九年灯籠（東近江市、旧蒲生町鋳物師）……………2章
竹田神社大正一四年灯籠（東近江市、旧蒲生町鋳物師）…………2章
竹田神社社号標（東近江市、旧蒲生町鋳物師）……………………3章
竹田神社鳥居（蒲生郡日野町小谷）…………………………………4章
立木神社延宝八年道標（草津市草津）………………………………1章
立木神社手水鉢（草津市草津）………………………………………3章
玉緒神社社号標（東近江市、旧蒲生町川合）………………………3章
玉緒神社鳥居（東近江市、旧八日市市柴原南）……………………4章
竹生島宝塔（長浜市、旧びわ町早崎）………………………………7章
澄禅寺徳本名号碑（蒲生郡日野町平子）……………………………5章
津島喜一歌碑（東近江市、旧蒲生町市子殿）………………………5章
土山中井氏建立道標（甲賀市、旧土山町北土山）…………………1章
土山の永源寺への道標（甲賀市、旧土山町北土山）………………1章
寺尻茶屋町中井氏建立道標（蒲生郡日野町寺尻）…………………1章
天孫神社社号標（大津市京町）………………………………………3章
天孫神社東側社号標（大津市京町）…………………………………3章
天満宮鳥居（甲賀市、旧信楽町小川）………………………………4章
天満神社鳥居（京都府城陽市中）……………………………………3章
東門院層塔（守山市守山町）…………………………………………7章
徳源院宝篋印塔群（米原市、旧山東町清滝）………………………7章
富川阿弥陀三尊磨崖仏（大津市富川）………………………………6章
豊国神社社号標（長浜市南呉服町）…………………………………3章
鳥居本文政一〇年道標（彦根市鳥居本）……………………………1章

な行

中野享和三年道標（東近江市、旧八日市市東中野町）………………1章
南禅寺大津行電車表示道標（京都市左京区南禅寺）…………………1章
忍辱山墓地五輪塔（奈良市忍辱山町）………………………………7章
野田里程標（甲賀市甲南町野田）……………………………………1章

は行

廃少菩提寺多宝塔（湖南市、旧甲西町菩提寺）………………………7章

子守勝手神社社号標（東近江市、旧蒲生町桜川西）……………………………3章
金剛定寺層塔（蒲生郡日野町中山）………………………………………………7章
金堂五輪塔（東近江市、旧五個荘町金堂）………………………………………7章

さ行

西教寺阿弥陀石仏（大津市山中）…………………………………………………6章
最勝寺宝塔（甲賀市、旧水口町岩坂）……………………………………………7章
佐久奈度神社社号標（大津市大石中）……………………………………………3章
沙々貴神社社号標（近江八幡市、旧安土町常楽寺）……………………………3章
里宮神社鳥居（甲賀市信楽町多羅尾）……………………………………………4章
三溪園道標（横浜市中区本牧）……………………………………………………1章
滋賀里見世大仏石仏（大津市滋賀里）……………………………………………6章
慈眼堂石仏（大津市坂本本町）……………………………………………………6章
篠原神社鳥居（野洲市、旧野洲町上屋）…………………………………………4章
清水町文政九年道標（東近江市、旧八日市市清水町）…………………………1章
下御霊神社社号標（京都市中京区寺町丸太町下ル）……………………………3章
樹下神社鳥居（大津市、旧志賀町木戸）…………………………………………4章
樹下神社鳥居（大津市、旧志賀町北小松）………………………………………4章
正法寺芭蕉句碑（蒲生郡日野町鎌掛）……………………………………………5章
正養寺明誉上人歌碑（東近江市、旧蒲生町外原）………………………………5章
白川橋延宝六年道標（京都市東山区三条通白川橋南東）………………………1章
白鬚神社道標（高島市、旧高島町鵜川）…………………………………………3章
白鬚神社社号標（高島市、旧高島町鵜川）………………………………………3章
新修小比売神祠記碑（東近江市、旧蒲生町鋳物師）……………………………5章
菅原神社鳥居（野洲市、旧野洲町永原）…………………………………………4章
杉之木神社鳥居（蒲生郡竜王町山之上）…………………………………………4章
諏訪神社鳥居（近江八幡市馬淵町岩倉）…………………………………………4章
諏訪神社鳥居木額（近江八幡市馬淵町岩倉）……………………………………3章
善勝寺無縫塔（東近江市、旧能登川町佐野）……………………………………7章

た行

大円寺祐天上人名号碑（東近江市、旧蒲生町市子殿）…………………………5章
大蔵寺十三重塔（奈良県宇陀市）…………………………………………………7章
大宝神社鳥居（栗東市大宝）………………………………………………………4章
高木神社天保七年灯籠（東近江市、旧蒲生町岡本）……………………………2章
高木神社社号標（東近江市、旧蒲生町岡本）……………………………………3章
高岸神社社号標（東近江市、旧蒲生町鈴）………………………………………3章

鎌掛丁丑同年会建立道標（蒲生郡日野町鎌掛）……………………………………1章
鎌掛の北端の道標（蒲生郡日野町鎌掛）……………………………………………1章
海津天神社鳥居（高島市、旧マキノ町海津）………………………………………4章
懸所宝塔（守山市金森町）……………………………………………………………7章
柏木神社の社号標（甲賀市、旧水口町北脇）………………………………………3章
柏原享保二年道標（米原市、旧山東町柏原）………………………………………1章
春日神社鳥居（近江八幡市東横関）…………………………………………………4章
勝手神社鳥居（蒲生郡竜王町岡屋）…………………………………………………4章
葛巻自然石型道標（東近江市、旧蒲生町葛巻）……………………………………1章
金屋金念寺道標（東近江市、旧八日市市金屋）……………………………………1章
蒲生町北部土地改良区事業完結記念碑（東近江市、旧蒲生町木村）………5章
蒲生東小学校米田登歌碑（東近江市、旧蒲生町桜川東）…………………………5章
蒲生堂徳本名号碑（東近江市、旧蒲生町蒲生堂）…………………………………5章
川合東出寛政一二年灯籠（東近江市、旧蒲生町川合）……………………………2章
川合本郷嘉永元年道標（東近江市、旧蒲生町川合）………………………………1章
河桁御河辺神社石燈籠（東近江市、旧八日市市神田）……………………………7章
瓦屋寺層塔（東近江市、旧八日市市瓦屋寺）………………………………………7章
河原六角形道標（蒲生郡日野町河原）………………………………………………1章
寛弘寺神山墓地五輪塔（大阪府南河内郡河南町）…………………………………7章
願成就寺芭蕉句碑（近江八幡市小船木）……………………………………………5章
岩船寺層塔（京都府木津川市加茂町）………………………………………………7章
木津惣墓五輪塔（京都府木津川市木津）……………………………………………7章
北白川弥陀二尊石仏（京都市左京区北白川）………………………………………6章
北野神社社号標（彦根市馬場）………………………………………………………3章
貴船神社石鳥居（湖南市、旧甲西町岩根）…………………………………………4章
玉泉寺共同墓地鳥居（高島市、旧安曇川町田中）…………………………………4章
清田嘉永七年道標（蒲生郡日野町清田）……………………………………………1章
草津文化一三年道標（草津市草津）…………………………………………………1章
黒川氏墓所（甲賀市、旧土山町鮎河）………………………………………………7章
黒山中世石造物群（長浜市、旧西浅井町黒山）……………………………………7章
上野田伊勢道常夜灯型道標（蒲生郡日野町上野田）………………………………1章
上野田伊勢道中井氏建立道標（蒲生郡日野町上野田）……………………………1章
極楽寺前田夕暮歌碑（東近江市、旧蒲生町石塔）…………………………………5章
極楽寺米田雄郎歌碑（東近江市、旧蒲生町石塔）…………………………………5章
御殿浜宝永六年道標（大津市御殿浜）………………………………………………1章
狛坂磨崖仏（栗東市金勝）……………………………………………………………6章
子守勝手神社寛政一一年灯籠（東近江市、旧蒲生町桜川西）……………………2章

索引（本書で採り上げた石の文化財）

あ行

油日神社社号標（甲賀市、旧甲賀町油日）……………………………3章
生和神社鳥居（野洲市、旧野洲町冨波乙）……………………………4章
石塔寺虚白句碑（東近江市、旧蒲生町石塔）…………………………5章
石塔寺層塔（東近江市、旧蒲生町石塔）………………………………7章
石塔寺道地蔵光背型道標（東近江市、旧蒲生町石塔）………………1章
石部神社石燈籠（蒲生郡竜王町七里）…………………………………7章
櫟神社社号標（東近江市、旧蒲生町横山）……………………………3章
厳島神社芭蕉句碑（東近江市、旧五個荘町小幡）……………………5章
因幡薬師寺号標（京都市下京区不明門通松原通上ル）………………3章
稲荷神社社号標（米原市岩脇）…………………………………………3章
今郷正徳元年道標（甲賀市、旧水口町今郷）…………………………1章
磐坂市辺押磐皇子墓鳥居（東近江市、旧八日市市市辺）……………4章
鵜川四十八躰石仏（高島市、旧高島町鵜川）…………………………6章
内池道標（蒲生郡日野町内池）…………………………………………1章
梅宮大社社号標（京都市右京区梅津）…………………………………3章
永源寺芭蕉句碑（東近江市、旧永源寺町高野）………………………5章
遠久寺芭蕉句碑（蒲生郡日野町大窪）…………………………………5章
延光院宝塔（近江八幡市島町）…………………………………………7章
円光寺層塔（野洲市、旧野洲町久野部）………………………………7章
奥石神社社号標（近江八幡市、旧安土町老蘇）………………………3章
大宮若松神社享和二年灯籠（草津市南山田）…………………………3章
大宮若松神社社号標（草津市南山田）…………………………………3章
大森神社鳥居（東近江市、旧八日市市大森）…………………………4章
岡本道標（東近江市、旧蒲生町岡本）…………………………………1章
巨椋神社社号標（宇治市小倉町）………………………………………3章
巨椋神社天明五年灯籠（宇治市小倉町）………………………………3章
小槻神社元禄八年灯籠（草津市青地）…………………………………3章
小槻大社延宝五年灯籠（栗東市下戸山）………………………………3章
小幡道標（東近江市、旧五個荘町小幡）………………………………1章

か行

鎌掛戊寅同年会建立道標（蒲生郡日野町鎌掛）………………………1章
鎌掛戊子同年会建立道標（蒲生郡日野町鎌掛）………………………1章

■著者略歴

大塚　活美（おおつか・かつみ）

1959年、滋賀県に生まれる。立命館大学文学部史学科日本史学専攻を卒業後、1982年より京都府に学芸員として勤務（京都府立総合資料館、京都文化博物館、京都学・歴彩館）。その間に佛教大学歴史学科修士課程を修了。認証アーキビスト。退職後は京都府立大学非常勤講師。高島市と竜王町の文化財保護審議会委員。

共著：『滋賀県の地名』（平凡社）、『蒲生町史』『彦根市史』『近江八幡の歴史』『東近江市百科』『近江日野の歴史』ほか

石の文化財から探る滋賀の歴史　淡海《おうみ》文庫75

2024年11月10日　第1刷発行　N.D.C. 216

著　者　大塚　活美

発行者　岩根　順子

発行所　サンライズ出版株式会社

〒522-0004 滋賀県彦根市鳥居本町655-1

電話 0749-22-0627

印刷・製本　サンライズ出版

ISBN978-4-88325-834-5　Printed in Japan　定価はカバーに表示しています。

乱丁・落丁本はお取り替えいたします。

淡海文庫について

「近江」とは大和の都に近い大きな淡水の海という意味の「近（ちかつ）淡海」から転化したもので、その名称は「古事記」にみられます。今、私たちの住むこの土地の文化を語るとき、京都を意識した「近江」でなく、独自な「淡海」の文化を考えようとする機運があります。

これは、まさに滋賀の熱きメッセージを、自分の言葉で内外へ伝えようとするものであると思います。

豊かな自然の中での生活、先人たちが築いてきた質の高い伝統や文化を、今の時代に生きるわたしたちの言葉で語り、新しい価値を生み出し、次の世代へ引き継いでいくことを目指し、感動を形に、そして、さらに新たな感動を創りだしていくことを目的として「淡海文庫」の刊行を企画しました。

自然の恵みに感謝し、築き上げられてきた歴史や伝統文化をみつめつつ、今日の湖国を考え、新しい明日の文化を創るための展開が生まれることを願って一冊一冊を丹念に編んでいきたいと思います。

一九九四年四月一日